U0034093

那些活躍在近代中國的西洋傳教士

鄭連根‧著

前言
傳教士與近代中國的互動

　　自1807年馬禮遜來華之後，基督教傳教士陸續來到中國。尤其是在第二次鴉片戰爭之後，清廷對基督教解除了「教禁」，英、美、法、德等國的各個差會幾乎都派遣傳教士來華傳教。傳教士來華，其重要目的當然是為了傳播「上帝的福音」，可是，在傳播福音之外，他們還帶來了「西學」（西方先進的政治文明和科技文明）。為了讓中國人接受基督教，很多傳教士都採取了「以學輔教」的手段，試圖通過傳播「西學」來達到宣傳「西教」的目的。

　　概括地講，傳教士傳播「西學」的主要手段就是辦學、辦報（刊）、譯書等。這些活動不僅改變了中國晚清社會的文化圖景，而且也在相當大的程度上開啟了中國走向現代化的進程。毫不誇張地說，無論是創辦新式學堂還是創辦近代報刊，中國人都是從傳教士那裏學習、借鑒來的。

　　「林則徐譯報」一直被看作是國人創辦報刊的先聲，但要知道，林則徐組織人所譯的報紙，恰恰就是傳教士辦的，幫助林則徐翻譯報紙的人員也與傳教士有著千絲萬縷的聯繫；魏源一直被國人譽為「睜眼看世界第一人」，其看世界的參照物就來自傳教士的著作和傳教士所辦的報刊；徐繼畬的《瀛環志略》堪稱當時國人撰寫的世界史地著作中的佼佼者，其資料亦來源於傳教士著述，並且，在蒐集資料和撰寫的過程中還直接得到了美國傳教士雅裨理的幫助。

　　就教育而言，從恭親王奕訢創辦的同文館到日後的京師大學堂、從南洋公學到後來遍佈各地的教會學校，每一處都有傳教士辛勞的身影。翻譯圖書就更不用說了，傳教士們不但把《聖經》翻譯成了中文，而且還把中國儒家、道家的經典著作譯成英文，介紹到了歐洲。

　　當然，傳教士的大量來華是有西方列強「船堅炮利」的武裝侵華做背景的，他們來華所從事的傳教及其他文化活動自與平等的文化交流不同。甚至，在某些時候，一些傳教士還直接參與了列強侵略中國的實際行動（如蒐集情報、參與條約談判等），但是，若把傳教士的所有活動都視為「文化侵略」，那也顯然不合實際，屬於簡單粗暴之舉。

　　自19世紀初至民國成立的百餘年間，來華傳教士為數眾多，雖同為傳教士，都信奉上帝，但他們來自不同的國度和不同的差會，再加上每個人的學識修養和思想傾向亦有差別，所以，諸多傳教士一起描繪的「傳教士在晚清」的大幅圖景就顯得異常複雜，需要做仔細的梳理和分析。這一點，恰如美國著名漢學家費正清所說：「在19世紀中西關係中，新教傳教士是被研究最少，但卻是最有意義的人物。」

　　最近幾年，我在關注中國近代史和近代新聞史的過程中，屢屢與傳教士們的史料不期而遇。史料看多了，就有了梳理、分析的衝動，於是開始了這本書的寫作。我原本只想寫「傳教士報刊」這個內容（相對而言，我對近代新聞史比較熟悉），但後來又覺得僅寫「傳教士報刊」會顯得單薄，難以讓人把握傳教士在晚清社會活動的整體面貌，於是，不得不拉長戰線，將傳教士辦報、辦學、譯書、與中國名流交往等方面文化活動一併寫出，我想通過這樣的梳理，讓大家看到傳教士與近代中國的互動。

　　雖然近代來華傳教士的問題異常複雜，但他們在不同的時期還是有一定的規律可循。在鴉片戰爭之前，大清帝國還在實行「教禁」，傳教士來華傳教是非法活動，他們的傳教士身份一旦暴露，等待他們的可能就是「殺無赦」。在這種情況下，傳教士們不可能大張旗鼓地傳播上帝的福音，只能通過化裝、隱瞞身份等方式小心翼翼地學漢語、翻譯《聖經》。最典型的人物就是馬禮遜，為了防止傳教士身份被識破，他穿上中國長袍，還留起了長長的辮子，身上還藏著毒藥——預備著被抓時服毒自盡。馬禮遜的傳教士身份當然沒有被識破，他後來在麻六甲創辦了《察世俗每月統記傳》，這是中國近代的第一份中文報刊。由於辦刊地點在境外，發行量又不大，這份報紙當時對中國的影響並不大，但是，這份報紙在歷史上有著標誌性意義——它是近代第一份中文報紙，也是傳教士報刊的開端。馬禮遜之外的傳教士的在華經歷與他大同小異，鴉片戰爭之前的來華傳教士所做的多是一些基礎性、象徵性的工作，傳教的實際影響並不大。

　　鴉片戰爭之後，尤其是第二次鴉片戰爭之後，隨著不平等條約的簽訂，西方國家陸續獲得了在中國的一系列特權，基督教會也相應地獲得了在中國自由傳教的權力。這個時期，西方各個國家的基督教各差會幾乎都向中國派遣了他們的傳教士，他們在中國建教堂，發展信徒，開始以合法的身份活躍在中國社會上。

　　洪秀全創辦「拜上帝教」，發動農民起義，挑戰清廷。因為他曾在美國傳教士羅孝全的門下學習基督教，所以，很多傳教士一度對洪秀全和他的太平天國心存幻想，以為太平天國政權會有助於基督教在中國的傳播。可是，經過實地考察之後，包括羅孝全在內的傳教士對太平天國政權深為反感。太平天國所謂的「拜上帝教」不過是借用了上帝的名字而已，洪秀全心中的上帝跟基督教義裏的上

帝根本不是一回事，太平軍的所作所為，與基督徒的要求更是相差
十萬八千里。

　　西方列強一度在清政府和太平軍之間猶豫，拿不準應該支持
誰。傳教士們對太平天國的批評（尤其是對「拜上帝教」實情的揭
露）讓西方國家瞭解了洪秀全和太平天國的真相，最後做出了支持
清政府的決策。

　　在鎮壓太平天國運動的過程中，曾國藩、李鴻章等洋務派更
加充分地認識到了西方列強「堅船利炮」的威力，遂開始搞「洋
務」。中國開展洋務運動之際，通洋文、懂西學的洋務人士非常匱
乏。不得已，洋務派只得跟來華傳教士合作。不少來華傳教士本身
就是優秀的學者，對西學非常熟悉，來華之後，又都學會了中文。
同時，他們是傳教士，身份相對超脫，不太受西方國家與中國外交
關係的影響。幾種因素湊合在一起，洋務派和傳教士之間展開了合
作。傳教士受聘於京師同文館、江南製造局等洋務機構，擔任教職
或者翻譯西學書籍。在與洋務派交往的過程中，傳教士與洋務派中
的很多人成了朋友，他們互相影響。洋務派官員從傳教士的身上學
習了西學，傳教士也通過與中國官員的交往深入地瞭解了中國和中
國文化。這個階段，一些著名傳教士開始介入到中國社會的賑災、
辦學等活動中去，影響越來越大。

　　到了維新變法時期，康有為、梁啟超等人跟傳教士的關係更為
密切。李提摩太、林樂知、李佳白等人積極參與變法活動，為維新
派出謀劃策。在康、梁的變法主張中，相當一部分的內容都來自傳
教士報刊《萬國公報》——這份報紙發表了許多評論中國時政、鼓
吹中國變法圖強的文章。即便在戊戌變法失敗之後，李提摩太還參
與了策劃營救光緒皇帝的活動。可以說，這個時期是傳教士對中國
政局影響最大的一個階段。

　　從戊戌變法失敗到義和團運動階段，是近代中國西化道路上的一次倒退。在此過程中，一切與洋人有關的事物都是受到排斥、敵視和打擊，傳教士亦不例外。但是，在庚子事變之後，慈禧太后不得不與西方列強講和，並於1901年以光緒皇帝的名義發佈了新政詔書，啟動了旨在變法圖強的清末新政。

　　在清末新政階段，清廷組建新式軍隊、創辦新式學堂、派遣學生出洋留學，再次走上了學習西方的道路。在這種情況下，基督教傳教士的身影再次活躍。不過，經歷了義和團運動之後，基督教會和許多傳教士都認識到，中國之所以會發生義和團運動，一個最重要的原因就是教育不夠。教育不夠導致了民智未開，民智未開導致了思想愚昧，思想愚昧導致了盲目排外的過激行動。基於這樣的認識，基督教會在義和團運動之後普遍重視學校教育對國人的思想影響。教會組織辦學的願望契合了清政府創辦新式學堂的潮流，兩者一拍即合，教會學校由此進入了一個迅速發展的階段。到了20世紀二三十年代，教會大學在中國開花結果，培養出了很多人才，對中國的社會風氣亦產生了相當的影響。

　　基督教勢力在中國的發展引起了國人的警覺。20世紀20年代，在民族主義、國家主義思潮的影響之下，中國的青年知識份子認為，基督教也是西方列強侵略中國的一種手段，所以必須予以拋棄。這樣就引發了1922年的「非基督教運動」。在「非基督教運動」中，教育成了雙方關注的主要焦點。在愛國主義和仇外反洋情緒的綜合作用下，中國知識份子提出了「收回教育權」的口號。到1924年，收回教育權已經成為各地反對教會學校的一致輿論。隨著「收回教育主權」運動的深入，教會學校開始式微。抗日戰爭發生後，大批學校西遷，教會學校亦受到戰爭的很大衝擊。最後，中華人民共和國於20世紀50年代之初進行了一次大規模的全國高校院

系調整，在這次調整中，外國人在中國辦教育的歷史被徹底終結，教會學校在中國大陸徹底消失。

辦報、譯書、辦學，可以說是近代來華傳教士在不同階段所從事的三種不同形態的的文化活動。這些活動對中國現代化進程均產生重要影響，從事上述活動的傳教士在此過程中亦受到了中國文化的影響。有些傳教士來華後對漢學產生濃厚的興趣，成了漢學家，把中國文化傳到西方，為漢學在世界的傳播做出了巨大的貢獻。通過來華傳教士，西學進入了中國，還是通過傳教士，漢學也逐漸為西方人所知曉。

對於近代來華傳教士的研究，學術界近年來關注頗多，研究角度亦差異極大。有的人認為傳教士來華是對中國的「文化侵略」，有的人認為這些傳教士是「文化交流的使者」，但不管怎麼說，來華傳教士確實對中國的現代化進程產生了不能忽略的影響。我不是專門的學者，不求專業建樹，更無意對這個問題做「蓋棺定論」式的結論。我的看法是，對近代來華傳教士的研究仍在繼續，現在做任何判斷都可能為時尚早。隨著研究的逐步深入及更多史料的「浮出水面」，公正的歷史結論終會不請自來。我現在所能做的，就是打撈出一些有關近代來華傳教士的相關史實，並做一些梳理和分析，以期達到普及之效。

這便是我寫作此書的初衷。

由於才疏學淺，錯漏之處在所難免，懇請方家批評指正。

目次

第一輯

趣聞與正事

彼得·伯駕與林則徐的疝氣

　　彼得·伯駕（Peter Parker）是美國來華的第一個傳教士，在近代中外關係史上也是一個重要的人物。他於1834年10月來到中國澳門和廣州，於1835年11月在廣州創辦了新豆欄醫局，這是外國傳教士在近代中國開設的第一所西醫醫院。由於醫院的經費由英、美商人捐助，伯駕在1839年以前一直免費為中國百姓治病。正因如此，在開設的第一年，新豆欄醫局就診治病人2152人次，贏得了中國百姓的信任。更值得一提的是，很多清朝的官員也慕名請伯駕看病，其中就包括大名鼎鼎的林則徐。

　　道光十九年（1839年）春，林則徐以欽差大臣的身份到廣州著手禁煙。林則徐本來就有疝氣病，來廣州後勞累過度，舊病復發。這一年的7月，林則徐託人與伯駕取得聯繫，討教了兩件事：其一，西方有無戒鴉片的特效藥；其二，能否治療疝氣病。前者為公，後者為私。伯駕答覆，沒有戒鴉片癮的特效藥，但治疝氣病有辦法，不過要病人親自來，因為他要給病人量身定製一個疝氣帶。這時，有趣的事情出現了，林則徐以為，身為欽差大臣，自己的身體不能輕易地給外國人看，如果再把身體的隱私部位暴露給傳教士，那實在是有失「官體」的事。所以，就找了個身材和自己相仿的人做替身，派他去見伯駕。伯駕雖然對林則徐的做法難以理解，但還是給林則徐建了一個編號為6565的病歷，為其診斷了病情，託人帶去了藥物和疝氣帶。經伯駕的治療後，林則徐的病情明顯好轉。為表感謝，林則徐派人給伯駕送去了水果。

　　如果事情到此結束，人們可能就把它僅僅當成一段歷史趣話了。可是，問題沒這麼簡單。林則徐在治療疝氣時的表現，可以說是當時中國人思想局限性的一個象徵。在鴉片戰爭之前，中國人普遍的觀念是：大清國是「天朝上國」，大清國的軍隊是戰無不勝的，大清國的皇帝是永遠聖明的，而英吉利不過是「蕞爾島夷」！長期的閉關鎖國使得中國人根本不瞭解西方，不瞭解人家西方的工業革命與思想啟蒙，更不瞭解所謂的「西學」和國際法則。

　　林則徐是道光年間最偉大的政治家，是「近代中國睜眼看世界的第一人」，他的愛國情懷和實幹精神永遠值得人們敬仰，可是即便如此，他的思想觀念仍有局限性。這種局限性不僅僅體現在看疝氣上，也體現在他嘔心瀝血所領導的禁煙運動中。林則徐和他領導的禁煙運動的歷史功勳是任何人都不能抹殺的，可是，在禁煙運動中，林則徐所採取的一些「嚴切手段」在今天看來卻大有檢討的必要。在《中國近百年政治史》一書中，著名的歷史學家李劍農先生就指出：「他（林則徐）那懇切至誠的精神，我們至今還應該敬仰佩服。但他對外的思想知識，為時代所拘，因之所採取的手段方法，也不能不錯誤，我們不能為他諱飾。他的注意點，專在鴉片一件毒物上面：第一要消滅已經到了廣東的鴉片，第二要斷絕以後鴉片的來源。凡他認為可以達此目的的一切手段，儘量採用。」也就是說，在禁煙的過程中，林則徐犯了「為了目的不擇手段」的錯誤。

　　為了更好地理解李劍農先生的話，我們不妨簡單地回顧一下歷史。1839年3月18日，剛到廣州八天的林則徐就下了兩道「諭帖」，命令中外所有商人必須將現存所有鴉片一律上繳，不許有絲毫隱匿；同時要出具保證書，聲明「嗣後來船，永不夾帶鴉片，如有夾帶，一經查出，貨盡沒官，人即正法」。第二天，林則徐又下令，在廣州的所有外商，在鴉片未繳清之前一概不許離開廣州。隨

即，在外國人的商館周圍佈置衛兵，「稽查出入」，商館與黃埔、澳門之間的船舶往來也一併截斷，不許私通資訊。接著，又將外國人所雇傭的中國僕役從英國商館撤離，於是，所有的英國人均被圍困於商館之內，「形若獄囚」。林則徐以為，把外國商人圍禁在商館之中，他們沒有辦法，就只能將鴉片交出來了。果然，英國商務監督義律迫於形勢，通令英商將所有鴉片交出，共20283箱。這些鴉片後來在虎門銷毀。

　　如此一來，林則徐的第一個目的——消滅已經到廣東的鴉片——已然達到。只要英商再寫下日後「永不夾帶鴉片」的保證，整個禁煙運動就可大功告成了。可是，義律堅決不讓英商出具這樣的保證書。他認為，查出商人夾帶鴉片，不經過正常的審判程序，就「貨盡沒官，人即正法」是一種非常粗暴的不法行為，與現代的法制觀念萬萬不容，遂命令英國商人退出廣州，移住澳門。然後他在澳門致函林則徐，希望在他沒有接到英國政府的訓令之前，林則徐能夠准許英國商船在澳門起卸貨物。這一要求也遭到了林則徐的拒絕，中英關係日趨緊張。

　　隨後發生了林維喜事件，此事成了戰爭的導火線。1839年7月7日，英國水兵多人到香港附近的尖沙咀買酒，因買酒不成，遂對當地百姓施暴，居民林維喜被毆打致死。事情發生後，中英兩國為爭奪裁判權再次發生爭執。中方以犯罪地點在中國領土為由，要求義律將兇犯交給中國，而義律不肯。林則徐遂沿用嘉慶時期的舊例，對英國人「禁絕柴米」，「不准買辦食物」，認為以此可以「壓服」英國人，沒想到卻激起了戰爭。

　　這就涉及到了中英兩國在思想觀念上的巨大差異。在封建制度下的中國，「皇言如綸」，皇帝的命令就是法。相應地，得到皇帝默許的官府的命令也可以成為「新法」，欽差大臣的命令當

第一輯

然就更可以成為「新法」。外國人來到中國的土地上，不聽欽差大臣的命令，「不聽吆喝」，幾乎就等同於違抗聖旨，所以「貨盡沒官，人即正法」實在是天經地義的事。至於「圍禁商館」、「禁絕柴米」等做法，則不過是為了讓你們交出違禁品所採取的措施——「好言相勸你不聽，就只好給你來點厲害的了」。這是中國官府辦案的常規套路，用「連坐」的辦法逼你就範，用追究連帶責任的方式使你屈服。鴉片既是英國人販賣的，英國商館就該負連帶責任，義律尤其應該負「領導責任」，所以「圍禁商館」沒什麼不對；林維喜是英國人打死的，你義律不肯將兇犯交出，你就是庇護罪犯，自然也該負連帶責任，「依嘉慶十三年之先例，禁絕柴米食物」又有什麼不妥呢？用林則徐奏報給道光皇帝的話說，這不過是「喻以理而怵以威」而已。用當時中國人的眼光來看，這一切也實在沒什麼可大驚小怪的——中國官員對本國的老百姓一貫施行的不就是這一套嗎？

可是，在英國人看來，在一個文明的國度裏，國家的法律和政府的命令完全是兩回事，政府隨便的一個命令斷不能立即構成新罪名，你欽差大臣的一個命令怎麼就可以置人於「貨盡沒官，人即正法」的地步？此外，判定他人有罪，要有充分的證據，不能在犯罪事實尚未查明之前就隨意剝奪他人的財產權和人身自由權，更不可僅憑懷疑就將懲罰加諸某一特定人群。以此來看，林則徐勒令交出鴉片、「圍禁商館」、「禁絕柴米」等做法皆屬強暴非法之舉，「是可忍，孰不可忍？」英國人很憤怒，後果也很嚴重，1840年春，英國決定對中國出兵，6月英國軍艦抵達廣東沿海，鴉片戰爭就這樣爆發了。

其實，早在鴉片戰爭開始之前，就有人看到了林則徐「不瞭解西方法律和國際慣例」這一缺欠及由此可能造成的嚴重後果。這

個人便是給林則徐治療過疝氣的美國傳教士伯駕。1839年7月，他給林則徐寫了一封信，信中詳細闡述了他對中、英局勢的看法。他首先表達了對林則徐的敬意和對禁煙運動的理解：「（我）在來廣州之前，已有許多人稱道閣下的清廉、愛國主義和人道主義。我自第一次獲悉這樣一位大臣即將光臨，心中感到非常高興。慈悲的上帝給予他的國家一位拯救者，來消除如此令人憂慮的罪惡。我每天向上帝傾訴最熱忱的祈禱，求上帝引導欽差大臣，能夠勝任這項困難的事業。」接著，他指出了林則徐在禁煙運動中的一些缺憾：「欽差大臣由於不瞭解各國的法律，不曉得他們的強大，無意識地採取了與友好國家慣例相牴觸的措施，已經程度不輕地得罪了英國。」然後提出他自己願意出面調解中英兩國的矛盾：「鄙人願不惜個人生命的安危，採取任何手段幫助大國之間恢復和好。我是一個世界公民，全人類的朋友，只有一個目標使我的生命感到寶貴，那就是竭盡全力做一切善事。」在信的最後，他還說：「我還要進而向閣下建議，最好能預見到戰爭的害處，撇開『強硬的語言』（這就是驕矜與傲慢），採取和平的解決辦法。英國已經準備提出她認為公正的要求，倘若不肯欣然答應的話，隨之而來的將是流血。英國已經在世界各地佔領了許多國家，我擔心英國也希望佔領中國。……我最樂意再次向閣下請願，在我的能力範圍內，儘量為閣下效勞。」種種史料證明，林則徐當年收到了伯駕的信，可是他沒有答覆。避免戰爭爆發的最後機遇就這樣溜走了。到了1840年4月，伯駕給美國的親屬寫信說：「中國和大不列顛的戰爭看來是無法避免了，而且在不遠的日子就會爆發。我已經施加了我一點小小的影響，讓中國能預見和避免這次不幸，但是他們太驕傲，不肯屈從，而且是深深地陷在無知之中，對已經被他們從獸穴中弄醒的獅子（英國）的力量，仍然毫無感覺。」

　　兩個月後，中英之間的鴉片戰爭爆發了。伯駕不得不關閉他在廣州的新豆欄醫局，離開廣州前往澳門。3個月後，林則徐亦被革職。到1842年8月，鴉片戰爭最後以清朝的割地賠款而告結束。

　　仁人難期永壽，智者不免斯疾。林則徐雖然是「仁人」，可是，他也會得疝氣病，得了疝氣病也得請洋人治療；林則徐雖然是「智者」，是「近代中國睜眼看世界的第一人」，可是由於時代的局限，他對西方的瞭解仍然是十分有限的。由於不瞭解西方的法律和國際慣例，他在禁煙運動中所採取的「嚴切」手段挑戰了西方文明的「禁忌」，激化了中英兩國的矛盾，並最終引起了戰爭。從這個意義上講，鴉片戰爭在成就了林則徐一世英名的同時也跟他開了一個小小的「玩笑」。

　　今天的國人固然無法要求一百七十多年前的林則徐具有現代的法治精神和人權觀念，但是我們有權利要求今天的官員不要再犯林則徐犯過的錯誤。

羅孝全與洪秀全：從師生到敵人

問道羅孝全

羅孝全（1802－1871）是美國著名傳教士，他出生在美國田納西州，早年在南卡羅來納州福曼神學院攻讀神學，1833年，受封為牧師，1838年抵達中國澳門，開始了在中國傳教的生涯。在澳門，他的傳教事業並不順利，信奉羅馬天主教的葡萄牙殖民者壓制新教傳教士，5年之後，羅孝全被迫離開澳門。

1844年5月15日，羅孝全來到廣州，隨後在廣州南關天字碼頭東石角建立教堂，開始傳教。這個教堂名叫「粵東施蘸聖會」，最初，來教堂受洗的中國人並不多，並且教徒多是「苦力」，沒有「知識份子」，這種情形顯然不能令傳教者滿意。

轉機經常在不經意間出現。1847年的一天，有兩個讀書人主動找到羅孝全，說他們崇拜上帝，而且已經在廣東、廣西發展了好些信徒，並懇請羅孝全傳授更多的基督教知識。

這是怎麼回事呢？

原來，這兩個人就是洪秀全和洪仁玕。

洪秀全接觸基督教事出偶然，1836年，他到廣州參加鄉試，在考棚外面得到免費發放的宗教小冊子《勸世良言》，開始，他並沒當回事。可是，到了1843年，當他第四次鄉試失敗之後，他再看這本由首位華人梁發撰寫的宗教小冊子時突然有了感覺，認為《勸世良言》裏的道理比「四書五經」更靠譜。

　　其實，《勸世良言》並不是嚴謹的基督教讀物，它是梁發根據自己的理解撰寫的中文佈道小冊子，其主要內容包括：一、批評儒、釋、道三教，否定了其他一切偶像，宣稱道士「朝夕奉拜」「三清」、「四元」之像，並不能保佑道士得道成仙；讀書人供奉孔子牌位和文昌、魁星二像，也不能保佑讀書人科考高中。其他木、石、泥、紙做的偶像都是邪神，不可敬拜。世人只應信仰上帝、宣傳上帝；二、人人都是上帝的子民，所以，上帝面前人人平等。大家應該互助互愛，「天地雖大，萬類人物雖多，在上帝看來，不過如一家之人耳！」「世界萬國之人，在世人所論，雖有上下尊卑貴賤之分，但在天上神父之前，以萬國男女之人，就如其子女一般。」「故在世界之上，則以四海之內，皆為兄弟一般，並無各國之別」；三、宣揚善惡對立的觀念，認為「人生天地之間，宇宙之內，善惡之人，兩者不能並立」，就信仰而言，信仰上帝及耶穌福音之道，力行神天聖誡者為善，反之為惡。對個人品行而言，上崇「神天上帝」，下愛眾人，「孝順事親，友悌事長」、「言忠信、行篤敬」為善，反之，拜各樣偶像邪神、賭博、行兇、謀叛、偷盜拐騙、姦淫邪術、忤逆不孝等，皆為惡。

　　現在看來，這些內容很平常，無甚高論。但是對連續鄉試不中的洪秀全來說，這本簡單的小冊子卻讓他茅塞頓開。屢次科舉不第，讓他對現實產生了強烈的不滿之情，對自己的人生道路亦充滿迷茫、困惑。而這本宗教小冊子恰好針對他內心的苦悶做出了解釋、回答。這讓洪秀全在心靈苦悶之際看到了希望——科舉受挫並不等於整個人生的失敗，科舉做官之外，人生還有很多條道路可走。或許，此時他還隱約看到了一條新路——通過宗教改變自己和社會的道路。

　　就這樣，洪秀全開始接觸基督教，並移植基督教的部分理論來創建自己的「拜上帝教」。1844年，洪秀全和洪仁玕在家裏一面繼

續複習準備科舉考試，一面潛心編寫傳教小冊子。後來，他們聽說廣州有位叫「羅先生」的洋人也在傳教，而且據說知識淵博得多，就寫了封信給「羅先生」的執事周道行，希望能前來學習。

正缺人手的羅孝全當然求之不得，他讓周道行寫了封信，邀請兩位年輕人來自己教堂「幫助宣教」。1847年3月，洪秀全、洪仁玕來到了廣州，進入羅孝全的教堂學習。

據《太平天日》記載：「年三十三歲，在丁未二月初，主與干王仁玕到廣東省城禮拜堂，後干王仁玕回歸，主獨留禮拜堂，與花旗番羅孝全共處數月。」

據羅孝全在1856年回憶：「約在1846年或次年，有兩位中國人來到我廣州寓所，宣稱欲學習基督教道。其中一人未幾即回家，但另一人則繼續留在我處，約有兩月餘。在此期間，他研究《聖經》，聽受講道，而其品行甚端，此人似是洪秀全，即現今之革命領袖。……當洪秀全初來我處時，曾寫就一文詳述他獲得《勸世良言》一書的經過，和他患病期間所見的異象，說他夢中所見與書中所言兩相符合。在敘述異夢時，他所說的內容實在令我莫名其妙，迄今我仍未明其究竟從何處得來這些意見。這是因為他對《聖經》知識所知不多的緣故。他曾請求我給他施行洗禮，但是在他還沒有獲得令我滿意的合格程度之前，他就去廣西了。直到今天，我才知道他以後的行動。」

可見，洪秀全並沒有真正受洗成為基督徒，或許他的本意也不是成為一名基督徒，而是要用基督教的某些理論來為自己的驚天事業服務。

結束了在羅孝全門下的速成班學習之後，洪秀全走上了傳教、組織金田起義、創建太平天國的道路。洪秀全的「拜上帝教」拋卻了基督教中教人隱忍的修身內容，強化善惡對立，號召信徒為建立「天

國」，「誓滅清妖」。同時，在禮拜唯一真神「上帝」的名義之下，取締祖先祭祀，搗毀孔子牌位，焚燒儒家經典，挑戰中國幾千年留下來的倫理綱常和道德信仰。這一點，恰如李澤厚所言：「洪秀全的上帝不是近代資產階級的『博愛』之夢，而是農民兄弟的復仇之神。」這也正是天平天國運動遭到眾多讀書人抵制的原因。

羅孝全的天京之行

　　1853年定都南京之後，洪秀全曾派人到廣州邀請曾經的老師羅孝全訪問「天京」。得知自己的學生成了革命領袖、「天王」，羅孝全深感欣慰，這不是出於「嚴師出高徒」的一般得意，而是覺得有了更好地為上帝效勞的機會，試想，受自己基督思想影響的有為青年當上了「國家領導人」，而且他還念念不忘師恩，這對傳教事業是多麼有利呀。

　　當時，對於太平天國，西方人是不太瞭解的。當他們聽說這支突如其來的強大武裝居然尊奉上帝，好奇、讚歎，認為是天降奇蹟。各國洋人上至公使、提督，下至商人、傳教士，都迫切希望跟這個新生勢力接觸一下，瞭解這個自稱和自己同拜一個上帝的政權，究竟是怎樣的一回事。

　　羅孝全的心情當然更為迫切。因為早在接到洪秀全的邀請信之前，他就得知了洪秀全曾是自己的學生這一重要資訊。出於師生之情，他對太平天國充滿了期待，在1852年10月6日的《北華捷報》上撰文說——

　　　　從前我對於此次革命的性質並無何種適宜的觀念，人們總以
　　　　為這不過是推翻現在的朝廷而已。依我所見，這或許是革命

軍一部分人的計畫……然而革命軍中拜上帝的一部分人與此目的外必另有一目的，而且是更為重要的目的。他們不是要反抗政府，而似是要為宗教自由而鬥爭，且實謀推翻偶像的崇拜。現在我對他們的這個鬥爭具有同情，而且期待著能有重要的結果，上帝的旨意真是奇妙！前次與外國開戰的結果，是出人意外地使中國得以開放。如今，倘這次革命能推翻偶像崇拜而開放，那將使基督的福音傳遍中國，其結果豈非同樣的奇妙！我認為洪秀全的部下不但以他為軍事最高統帥，而且奉他為宗教的先知或大師。……如果現在有外國勢力扶助清廷以攻擊他們，我將認為非常遺憾。

可想而知，在接到洪秀全的邀請信之後，羅孝全懷著激動的心情上路了。他於1853年夏天到達上海，向當時駐上海的美國公使馬沙利彙報他打算去天京訪問的計畫。因美國當時對太平天國的態度還不明確，馬沙利不同意羅孝全前往天京。但此時的羅孝全顯然顧及不了那麼多了，他約了另一位美國傳教士戴作士，秘密前往天京。可惜的是，他們的密訪行動因在鎮江附近的江面上被清兵發現而夭折。

密訪天京不成，羅孝全只好回到廣州繼續傳教。但是，洪秀全這邊卻一直沒忘了自己的宗教老師「羅先生」。

1854年7月，英國公使和太平天國進行了最嚴肅的一次「外交」交涉，英方提出31個包含太平天國政治、軍事、外交、法律、宗教、政策等方面的問題，太平天國高層閉門3日，以東王楊秀清的名義給予書面回答，並同時提出50條質問，包括上帝鬍子是什麼顏色、天有多少層、耶穌有幾個兒女等諸多在洪秀全認為十分嚴肅而在英國外交官看來十分滑稽的問題，在這篇極其重要的官方文件中，楊秀清就赫然問道：「今該羅先生曾否來乎？」

　　後來，洪秀全又在1858年發佈的〈賜西洋番弟詔〉中談及羅孝全：「朕前遊行粵東省，禮拜堂詔羅孝全……於今孝全曾到否？到則上朝共朕言。」

　　這樣，洪秀全將詔見羅孝全一事提到了外交的「議事日程」之上，終於促成了羅孝全的天京之行。

　　1860年，羅孝全再次從廣州出發前往天京，這年夏天到達蘇州，見到了忠王李秀成，「忠王問我是否為羅先生。我說『正是』。忠王即命我坐下，劉氏（忠王之副官——筆者注）坐在右側，擔任翻譯。忠王自由地和我交談約二小時之久。開始都是些恭維的話，對我在13年前曾任他的真聖主天王的教師推崇備至。繼則答應批准我去天京，且將親自護送我去……」羅孝全在《北華捷報》上這樣描述他與忠王的這次見面。

　　可是，此時的情形已經與1853年大不相同了。這時去過天京的外國人已經很多，他們對太平天國的觀感不佳，都認為太平天國的拜上帝教是假基督教，他們對太平軍的態度亦從最初的同情轉為反感。羅孝全對這些議論當然知道，但他還是不甘心，他不肯相信當年跟著自己學習基督教的有為青年會像傳言所說的那樣不堪。

　　1860年10月13日，羅孝全終於到達了天京。開始，他受到了天王洪秀全的熱情接待，遂對在太平天國傳播基督教持樂觀的態度。他寫信給美國南部浸禮會會部說：「天王宣言，得再見老友羅孝全，最為快樂。我初到時即封以高官，賜我顯爵，復許以三個妻子——太好了！當然我皆推辭不受。」他還向同伴發出召喚：「現在，兄弟們，請你們到這裏來幫助我們吧！來吧！賣聖書的人，來吧！牧師們，誰願意都請來吧。」

　　雖然羅孝全說對官爵和女人「推辭不受」，但他還是被封為「通事官領袖」和接天義的爵位，此時封王的大臣只有十來位，義

爵是王爵以下的頭等爵位，許多獨當一面的大將都還沒份，因為「帝師」的特殊身份，羅孝全一到天京就當上了高官。於是這位傳教士就穿起古怪的黃色綢緞官袍，掛著十字架到處亂跑。他被安排在洪仁玕的干王府居住，沒事就在城裏各處逛遊。

　　羅孝全在天京期間，楊格非、慕維廉、艾約瑟等著名傳教士先後到天京訪問，均受到了羅孝全的接待。羅孝全還試圖在天京建立美國傳教據點，宣傳基督教義。然而，他很快就發現，洪秀全的拜上帝教跟基督教實在不是一回事。兩者雖都有上帝和耶穌，可洪秀全的上帝有許多老婆和兒女，耶穌也是兒女成堆妻妾成群，洪秀全不僅是地上的王，而且還是上帝的兒子、耶穌的弟弟，受天媽天嫂的照顧，而東王楊秀清居然又是耶穌和洪秀全的親弟弟；洪秀全的上帝允許官員娶很多妻妾，不承認基督教聖父、聖子、聖靈的「三位一體」；更荒唐的是，洪秀全的上帝還有個了不起的孫子──洪天貴福，他不僅是洪秀全的兒子，還被過繼給耶穌，因此成了耶穌和洪秀全的雙料繼承人。

　　羅孝全覺得這簡直是荒謬絕倫，就上書請求洪秀全多讀《聖經》，結果令他更加驚訝：洪秀全居然把《聖經》改了個亂七八糟，裏面所有有利於證明洪秀全的話都給大字加黑加粗，甚至把所有提到太陽的地方都標明「太陽就是天王」。碰上無法自圓其說的，就乾脆注明「《聖經》有錯記」。

　　他想再見見洪秀全，可洪秀全躲著不見他，只是拚命給他發指示，讓他認真領會那些天父天兒、天媽天嫂之類古怪學說，這讓他覺得十分苦悶。

　　正當他十分煩悶之際，一件更煩悶的事又找上門：1861年3月13日，洪秀全突然下詔，讓所有在天京的外國人只要打官司，就都去羅孝全那兒打。

第一輯

羅孝全是傳教士，從來沒當過官，對斷案之類的事沒興趣，結果事沒管好，反倒惹了一身腥，一些外國人說他是太平天國的「外務丞相」，意即他已經不是合格的傳教士了。

此時，羅孝全終於發現來天京其實是一個美麗的誤會，自己不該再在天京待下去了。他於1861年12月31日給美國南浸禮會差會部寫信說：

> 他（指洪秀全）要我到這來，不是要我宣傳耶穌基督的福音，勸化人民信奉上帝。他是要我做他的官，宣傳他的主義，勸導外國人信奉他。我寧願勸導他們去信奉摩門主義，或別種不基於《聖經》而出於魔鬼的什麼主義，也不會宣傳他的主義。我相信在他們的心中，他們是實在反對耶穌福音的，但是為了政策的緣故，他們給予了寬容。可是我相信，至少在南京城內，他們是企圖阻止其實現的。……我也看出，我的傳教事業是沒有任何成功的希望了，也不再期待能容許別的傳教士和我一起在這裏進行主的工作。因此我決計要離開他們了。

20天之後，即1862年1月20日，這天是天曆辛酉十一年十二月初十，洪秀全的生日，天京城裏一片節日氣氛，沒有人關注羅孝全的動靜，他趁機溜出干王府，一口氣跑出城，跑到下關江邊，登上停泊在那裏的英國軍艦「深淘」號，結束了他在太平天國為期15個月的「官員生涯」。

逃離天京之後

逃離天京之後，羅孝全回到了上海，繼續在《北華捷報》上撰文表達他對太平天國和洪秀全的看法。不過現在他再也不同情太平天國了，而是強烈地批評洪秀全和他的天國。他說洪秀全妄自尊大，褻瀆上帝，說太平天國政務紊亂，不成體統，說拜上帝教根本就是異端邪說。

1862年2月7日，羅孝全向美國駐華公使蒲安臣寫了一份長篇書面報告，彙報了他對太平天國態度轉變的過程。其中說：

> 這次叛亂的領袖洪秀全，傲慢地自封為天王。他在1847年曾花兩三個月的時間到我在廣州建立的禮拜堂，做一個宗教的慕道者。自聽說他佔領南京，摧毀偶像，並廣傳基督教教義後，我以純正的基督教得以在人民當中，甚至有在中國全境如此傳的前景而感到高興。我因此甚願及早參加他的這項工作。……到1860年，由忠王率領的一支洪秀全的軍隊佔領蘇州後，洪秀全從那裏向我發出了特別的邀請，要我前往天京和他同住。我在10月13日抵達南京，從那時起直到1862年1月20日，我在南京逗留了十五個月零七天。
>
> 我既然在1847年擔任過洪秀全的宗教老師，自他高升以後，我更希望這個國家能由此在宗教、商務和政治方面得到良好的效果，為此我對這場革命運動一直表示友好。……但我在他們中間居住了十五個月之後，我對他們的宗教、商務和政治各種措施做了仔細的觀察，我的態度完全變了。我現在反對他們的程度並不亞於當初我支持他們的程度，而且我認為我有充足的理由這麼做。我並非單純從個人的角度反對洪秀

全，他一直對我非常和善。但我認為他只是一個狂人，完全
不適合當一個統治者；他和他的苦力出身的諸王沒有能力組
建一個政府，甚至無法組建一個像衰老的清政府那樣帶給人
民同樣利益的政府。

他性情暴躁，且將他的暴怒重重地發洩到人民的頭上，使一
個男子或婦女「因為一句話便成為罪犯」，未經「法官或陪
審團」審判就下令將其處死。他反對商業。自我來到南京以
來，他已經處決了十餘名下屬，其罪名僅僅是在城內經商；
每當外國人設法在該城建立合法的商業時，他總是斷然拒
絕。他的宗教自由和眾多教堂變成了鬧劇——不僅對傳播基
督毫無益處，而且比沒有更壞。它充其量不過是用來推廣和
傳播他自己的政治宗教的擺設。他使自己和基督耶穌平起平
坐，耶穌基督、天父上帝、他本人和他的兒子，構成了主宰
一切的主！

倘若任何外國傳教士不相信他的這種崇高地位是上帝賜予
的，並且拒絕宣傳他的政治宗教，那麼，此人的生命、僕人
和財產安全就會得不到保障。

我因此認為，在他們中間傳教，已經無成功的希望。而且不
論在宗教、商務和政治方面，都不能從太平天國運動中獲得
什麼好處，因此我決定離開他們。

　　在這封信中，羅孝全還詳細地講述了干王洪仁玕粗暴地毆打
他，並殺死其僕人的事情，「『假如他們在綠樹成蔭的時節尚且幹
出這些事情來，那麼，到了枯萎時節，他們又會幹出什麼呢？』
——如果不是天王的寵信之人，而是作為一名普通傳教士或商人，

誰又能有自信會在他們中間倖存下來呢？」看來，遭受干王的毆打和侮辱是導致羅孝全離開南京的最直接的誘因。

此後，羅孝全又多次撰文批評太平天國運動。

羅孝全曾是洪秀全的宗教老師，又曾是太平天國最堅決的辯護者，所以，他的反戈一擊震撼力極強，此後，幾乎凡是信仰基督教的國家都將太平天國打入另冊，西方列強對中國內戰的所謂「中立」，也隨即發生變化，他們開始明確支持清廷，並一同鎮壓太平軍。

羅孝全和洪秀全的這段關係並不為人熟知，可現在看來著實耐人尋味。在洪秀全領導太平天國攻擊清朝之時，西方列強對中國的局勢並沒有明確的判斷，他們不知道是該支持清廷鎮壓太平天國的起義，還是應該幫助太平天國推翻朝廷的統治。因為清朝的腐敗無能為外國人所共知，所以不少外國人一度對太平天國運動抱以同情與好感（其拜上帝教的宗教外衣亦迷惑了不少外國人）。可是，隨著太平天國運動的深入（尤其是在其定都天京之後），洪秀全及其統治集團無知、奢靡、粗暴、顢頇的一面越來越為世人所熟知，拜上帝教的荒誕性亦為西方傳教士所識破，至此，西方人對待太平天國的態度發生了逆轉，他們最後選擇了支持清廷鎮壓太平天國運動，這才有華爾等人組織洋槍隊與太平軍作戰之事。

多年來，囿於僵硬的意識形態，人們對太平天國的認識極不全面，外國人尤其是外國傳教士對太平天國的態度轉變亦不為人注意。其實，最能說明外國人對太平天國態度轉變的，在傳教士而言就是羅孝全，在西方思想家來說就是馬克思。1850年，太平天國起義剛爆發不久，馬克思即撰文支持這場運動，他詩意地預言：「世界上最古老最鞏固的帝國，八年來在英國資產者大批印花布的影響下，已經處於社會變革的前夕，而這次變革必將給這個國家的文明帶來極其重要的結果。如果我們歐洲的反動份子在不久的將來逃奔亞洲，最後到達萬

里長城，到達最反動最保守的堡壘的大門，那麼他們說不定就會看到這樣的字樣：中華共和國──自由、平等、博愛。」

馬克思的預言顯然過於樂觀了，12年之後，1862年，幾乎跟羅孝全撰文批評太平天國同時，馬克思亦在〈中國紀事〉一文中毫不留情地抨擊太平天國：「除了改朝換代之外，他們沒有給自己提出任何任務，他們沒有任何口號，他們給予民眾的驚慌比給予舊統治者們的驚慌還要厲害。他們的全部使命，好像僅僅是用醜惡萬狀的破壞來與停滯腐朽對立，這種破壞沒有一點建設工作的苗頭……太平軍就是中國人的幻想所描繪的那個魔鬼的化身。但是，只有在中國才有這類魔鬼。這類魔鬼是停滯的社會生活的產物！」

從同情、好感轉為揭露、抨擊，包括馬克思在內的西方人對太平天國的失望與拋棄，既是太平天國運動不得人心的明證，也是它最終失敗的一個重要原因。對此，我們焉能忽略？

徐繼畬和雅裨理之間的友誼

　　徐繼畬（1795－1873）是中國近代史上有名的思想家。他自幼受過良好的家庭教育和儒學的薰陶，曾師從著名文學家高鶚。道光六年（1826年）中進士，後授翰林院編修。道光十六年（1836年），他外任廣西省潯州府知府，從此踏入政壇，歷任福建延津道、廣東鹽運使、廣東按察使、福建布政使、廣西巡撫、福建巡撫、閩浙總督、總管同文館事務大臣等職。他的《瀛環志略》一書是當時介紹世界各國狀況的最優秀著作之一。而徐繼畬之所以能寫出《瀛環志略》，跟他與美國傳教士雅裨理的交往關係極大。

　　雅裨理（1804－1846）出生在美國新澤西州的新布倫斯威克市，父親在美國獨立戰爭期間當過海軍軍官。雅裨理在15歲時打算繼承父志，報考西點軍校。可是當他看到報考西點軍校的人太多時，又放棄了這個打算，改學了醫科。17歲時，雅裨理加入了基督教會。1826年，雅裨理被封為牧師，1830年，雅裨理到達中國廣州，試圖在中國建立傳教點。但當時大清朝的「教禁」政策尚未解除，境內嚴格禁止傳教士活動。因此，雅裨理根本不敢暴露自己的傳教士身份，建立傳教點的工作也沒有完成。但他在南洋一帶學會了漢語和一些方言。

　　1840年鴉片戰爭爆發，因為會中國話且熟悉中國國情，雅裨理被英國首任駐廈門領事紀里布聘為翻譯。

　　1844年1月，徐繼畬被清朝任命為福建布政使，負責該省的洋務事宜。當徐繼畬約見紀里布時，雅裨理為他們翻譯。就這樣，徐繼畬和雅裨理認識了。

　　雅裨理沒有忘記自己的傳教士職責，利用這次會晤的機會向徐繼畬介紹基督教教義。徐繼畬也藉機向雅裨理詢問了世界各國的情況。雅裨理在1844年1月27日的日記這樣描述他與徐繼畬的交往：「……這是我迄今遇見的最喜歡提問的一位中國高級官吏。在他提出有關外國的許多問題之後，我們提議將帶一本地圖冊來，把他最感興趣的地點、方位及範圍指點給他看。對此，他非常高興地同意了。一天下午，我們帶著盡可能多的資料送給他，這是在他約定的極短的時間裏盡力為他提供的。我們答應贈送給他有關基督教的一些書，昨天為他捆了一包，其中有《新約全書》和一些別的書。」

　　這一年的2月29日，徐繼畬因公到廈門，又跟雅裨理見了面。雅裨理在日記裏這樣寫道：「獲悉布政使已返回，我們去拜會了他，這是特別令人喜悅的會晤。他說他已經在閱讀基督教的書，並容許他提出一系列的問題，主要是他所看到的一些有關地名及地理特徵的情形。他顯然已用心閱讀了《新約全書》，這給了我一次機會，使我能向他解釋許多最要緊的真理，這是我祈禱上帝銘刻在他心中的。」

　　這年5月，徐繼畬又到廈門與雅裨理見面，繼續向他詢問有關外國地理、歷史及相關的政治知識。徐繼畬虛心請教，雅裨理熱心作答，兩個人整整談了一個下午。雅裨理在日記中寫道：「他既不拘束，又很友好，表現得恰如其分。顯而易見，他已獲得了相當多的知識。他對瞭解世界各國狀況要遠遠比傾聽天國的真理急切得多。他畫的地圖還不準確。他不但要查對經度和緯度，以便標出準確的地理位置，還把目標放在蒐集各國版圖大小、重要的政治事件和商務關係，特別是同中國的商務關係上。他對英國、美國和法國要比其他國家給予更為詳盡的考察。」

　　通過雅裨理的日記，我們可以看出徐繼畬已然在用心收集資料，為寫作《瀛環志略》做準備。除了通過雅裨理瞭解世界各國的

情況外，徐繼畬還向其他傳教士及外國駐福州的官員請教相關問題，時任英國駐福州領事的李太敦及隨後的阿禮國都解答徐繼畬關於世界各國地理、歷史及政治狀況的相關提問。阿禮國夫婦還送給過徐繼畬一幅世界地圖，用不同顏色表明了各國的疆界。此外，徐繼畬還參考了美國第一個來華的傳教士裨治文的《美利哥合省國志略》一書，從中獲得了關於美國的比較詳細的情況。

徐繼畬是那個時代少數幾個「睜眼看世界」的中國人。在鴉片戰爭爆發之後，他痛感中國人對世界缺乏瞭解，與西方各國打交道根本做不到「知己知彼」，所以就極力收集有關外國的地理、歷史及政治狀況的資料。道光二十二年（1842年），徐繼畬進京覲見。道光皇帝向他詢問海外形勢與各國風土人情，他根據自己所知對答，道光皇帝非常高興，遂責成他纂書進呈。於是，徐繼畬發願著書。

他隨時採訪，廣泛蒐集資料，終於在1844年寫出了《瀛環志略》一書。此書初名《輿地考略》，其後，他繼續採尋西人雜說，詢問西方官員，並參閱魏源《海國圖志》（初版）等書，補充疏漏，日臻完備，最後定名為《瀛環志略》，於道光二十八年（1848年）初刻於福建撫署。同治四年（1865年）經沈桂芬大力提倡，由總理衙門主持重刻，次年刻成。該書分10卷，分裝6冊，總分圖共44幅。書中先為總說，後為分敘，圖文並茂，互為印證，於各洲之疆域、種族、人口、沿革、建置、物產、生活、風俗、宗教、盛衰等均有詳細記述，亦間有議論。

《瀛環志略》一出世，便受到國內外有識之士的高度重視。福建巡撫劉鴻翔讚譽此書是「百世言地球之指南」。福建道員鹿澤長說該書「於國家撫馭之策，控制之方，實有裨益」。郭嵩燾初以《瀛環志略》述英、法諸國之強，有過譽之處，後出使英國，才歎

曰：「徐先生未歷西土，所言乃確實如是，且早吾輩二十餘年，非深識遠謀加人一等者乎？」

需要說明的是，《瀛環志略》傳往日本後，受到廣泛重視，被認為是「通知世界之南針」，成為他們明治維新期間的思想啟蒙教材和暢銷書。日本人多次刊印此書，在「辛酉版」（1861年刻）中還將書內的專用名詞分譯為日文和英文。

徐繼畬在《瀛環志略》中不僅介紹了西方的科學技術，還介紹了西方的民主制度。在敘述華盛頓領導美國人民取得了獨立戰爭的勝利，並建立資產階級民主制度時，認為美國的民主制度與中國人夢寐以求的「大同社會」在精神內涵上是一致的。

估計徐繼畬當年亦對美國的政治體制心馳神往，所以筆鋒飽含感情，他說：「米利堅合眾國以為國，幅員萬里，不設王侯之號，不循世及之規，公器付之公論，創古今未有之局，一何奇也！」

對於華盛頓，他更是大加讚賞，寫道：「華盛頓，異人也。起事勇於勝、廣，割據雄於曹、劉。既已提三尺劍，開疆萬里，乃不僭位號，不傳子孫，而創為推舉之法，幾乎天下為公，駸駸乎三代之遺意。其治國崇讓善俗，不尚武功，亦迥與諸國異。余嘗見其畫像，氣貌雄毅絕倫。嗚呼，可不謂人傑矣哉！……泰西古今人物，能不以華盛頓為稱首哉！」

《瀛環志略》介紹並推崇美國的資產階級民主制度和資產階級革命的領袖人物，這實屬「思想解放」之舉，給中國當時的思想界以及後來的資產階級維新派以極大震動。資產階級維新思想家康有為在讀了《瀛環志略》之後「知萬國之故，地球之理」，遂把此書列為他講授西學的教材之一。梁啟超在讀了《瀛環志略》後慨歎「始知五大洲各國」。他認為中國人研究外國地理就是從《瀛環志

略》和《海國圖志》才「開始端緒」的。可見，這些維新思想家都從《瀛環志略》中汲取了地理知識和思想營養。

有趣的是，《瀛環志略》一書還引發了中美外交史上的一段佳話。咸豐三年（1853年）六月，浙江寧波府彙集《瀛環志略》書中有關介紹美國和華盛頓的文字，鐫刻贈送給美國，被砌於美國首都華盛頓紀念塔第十級內壁上。美國人由此得知中國有位徐大人如此推崇他們的「國父」，實乃知音。1867年，美國公使蒲安臣奉總統之命將華盛頓的畫像作為國家禮物贈送給徐繼畬。在贈像儀式上，徐繼畬說：「華盛頓已成為全人類的典範和導師，他的賢德是連接古代聖賢和以後各代偉人的一條紐帶。」

徐繼畬對美國國父不吝讚美之詞，美國人也投桃報李，在《紐約時報》上報導了徐繼畬的相關事蹟，徐繼畬的名字也被美國人收進了《世界名人錄》。

直到1998年，克林頓以美國總統的身份訪華，在北京大學發表演講。他在演講中還特意提到了徐繼畬，他說——

從我在華盛頓特區所住的白宮往窗外眺望，我們首任總統喬治‧華盛頓的紀念碑高聳入雲。這是一座很高的方尖碑，但就在這個大碑鄰近有塊小石碑，上面刻著：「米利堅不設王侯之號，不循世及之規，公器付之公論，創古今未有之局，一何奇也。」這些話並非出自美國人，而是由福建巡撫徐繼畬所寫，1853年中國政府將它勒石為碑作為禮物贈送給我國。我十分感謝這份來自中國的禮物。它直探我們作為人的內心願望：擁有生存、自由、追求幸福的權利，也有不受國家干預的言論、異議、結社和信仰等自由。這些就是我們美國

220年前賴以立國的核心理念。這也就是引導我們橫跨美洲
大陸登上世界舞臺的理念。

可見，徐繼畬儼然成為中美兩國友好交往的一位象徵性的人
物了。

不過，在談徐繼畬和他最重要的著述《瀛環志略》時，我們不
要忘了一點，作為那個時代的高級官員，徐繼畬還沒有機會出國考
察，他對世界各國情況的掌握，全部來源於外國人的介紹和傳教士所
寫的書籍。這其中，對他幫助最大的傳教士就是雅裨理。在《瀛環志
略》一書中，徐繼畬也多次提到雅裨理，並感謝他所給予的幫助。

最後再談一下雅裨理。這個人身體不好，經常犯心臟病，在廈
門活動了兩年之後，於1846年初回到美國，他本想養好病之後再回
到中國，可惜就在這年的9月4日，他的心臟就停止了跳動，享年僅
42歲。他的一生似乎就是為了幫助徐繼畬寫作《瀛環志略》，徐繼
畬完成此書還沒來得及出版面世，他就去世了。作為一名傳教士，
雅裨理在中國活動7年，於傳教方面沒有任何建樹，但是他幫助徐
繼畬寫作了《瀛環志略》，間接地幫助中國人認識了世界。在這個
方面，他的功勞倒是不可抹殺的。

布朗與容閎：
師生共同開啟中國留學之門

布朗　馬禮遜學堂首任校長

　　馬禮遜是近代第一位來華的新教傳教士，他於1807年來華，在清朝教禁政策尚未解除之時便從事傳教、辦報、翻譯《聖經》等活動。1834年8月1日，馬禮遜病逝。隨後，在英國商人查頓、顛地等人的倡議之下，組建了「馬禮遜教育會」。這個機構從英、美商業機構募集資金，每月向郭士立的夫人溫施蒂提供15英鎊的資助，讓她在原有的女子私立學校中附設男塾，為日後成立馬禮遜學堂做準備。

　　1839年11月4日，在溫施蒂所辦女子私立學校和男塾的基礎上，由美國傳教士、耶魯大學畢業的布朗在澳門辦起了中國第一所西式學堂「馬禮遜學堂」。這所學校的地點在澳門半島沙梨頭附近，美國傳教士布朗由此成了馬禮遜學堂的首任校長。

　　布朗（1810－1880），美國著名傳教士，1832年畢業於美國耶魯大學，後又在哥倫比亞大學和紐約聯合神學院攻讀神學，1839年被封為牧師，同年接到廣州馬禮遜教育會的邀請，偕新婚妻子來到中國，籌建了馬禮遜學堂。

　　馬禮遜學堂最初僅招收了6名學生，這6名學生全部住校，不僅學雜費、書費、食宿費全免，而且學校還負責提供衣被和醫療服務。

　　馬禮遜學堂一建立，就表現出了與中國傳統私塾教育截然不同的風貌，體現出了全新的教育理念。1840年4月，布朗校長向「馬禮遜教育會」做書面報告，稱：「馬禮遜學堂不僅僅是教學，而且是一個教育團體，目標是在德育、智育和體育三個方面給予學生全面的訓練。遵照這個目標，我安排中國學生半天讀中文，半天讀英文，早上六點鐘開始活動，晚上九點鐘結束。期間讀書共八個小時，餘下的三四個小時讓學生們到戶外場地上運動和娛樂。」

　　布朗還說：「我讓學生們和我的家庭融合在一起。我待他們如我們自己的孩子，鼓勵他們對我信任，成為我們最好的朋友。」

　　布朗說到做到，他和他的妻子在生活上關心學生，在教學上又極其認真，再加上學校設在澳門，教學事務和學生生活均不受清朝官員的干涉，所以，這些學生進步很快。學生在該校學習三四年之後，除了熟悉中文外，對英文的聽、說、讀、寫都有了相當的基礎，並對世界各國的地理、歷史掌握頗多。此外，他們對算術、代數、幾何、物理、化學、生理衛生、音樂、美術等學科也有所涉獵，而這些對當時還在讀私塾的中國同齡學生來說是連想都不可能想到的事情。

容閎　中國近代最早的留學生

　　容閎1828年生於廣東的南屏鎮。那裏離澳門不遠，是中國最早受到西方傳教士文化影響的地區之一。

　　1835年，容閎7歲，到了該上小學的年齡了。那個年代上私塾要給私塾先生送點禮，名曰「脩金」。容閎的父母生活拮据，在容閎之前已經把哥哥送到私塾了，現在再送容閎讀私塾生活就更困難了。他的爸媽心下思忖：能否給孩子找個學費便宜的學校呢？

　　村裏有一個老鄉在澳門沙梨頭的一所學校裏做後勤總管。聽說容家有孩子要上學，閒聊中極力勸容閎到他供職的學校，因為這是所教會學校，不用交學費還管吃管住。容閎的父親聽說過教會學校，當時有點家境的人家一般是不會考慮的，大多數父母還是希望走傳統的科舉之路。可受澳門開放之風濡沃已久，廣東南屏一帶的人也「思想開放」，容閎父親眼見著澳門與海外的交流越來越多，將來很多工作都是需要懂外語的，做買辦指不定比中進士掙錢多呢。於是斷然決定了：就上這所學校！

　　於是，7歲的容閎跟隨父親前往澳門，進入了馬禮遜紀念學校，也就是前文提到的由獨立傳教士郭士立的夫人溫施蒂所創辦的男塾。1839年，男塾由布朗改為馬禮遜學堂，容閎這個中國偏遠地區的窮小子開始與著名傳教士布朗有了交往。

　　據容閎後來回憶，布朗先生是一個極為出色的教師。他「性情沉靜，處事靈活，彬彬有禮，為人隨和，且多少帶點樂觀主義精神。」他熱愛自己的學生，在教學上十分用心。

　　容閎入校學習時，全校已有了5個中國孩子，容閎是第六個學生，也是年紀最小的一個。孩子們在學校上午學習算術、地理和英文，下午學國文。容閎在那裏讀了6年書。

　　1846年9月30日，馬禮遜教育會舉行第八屆年會，在這次會議上，布朗向教育會請求批准他一家回美國休息，主要原因是他的妻子久病未癒，需要回美國治療。馬禮遜教育會批准了他的請求。

　　在離開中國之際，布朗深情地表示，他願意帶幾個中國學生到美國完成學業，他說，如果有誰願意跟他一起走的話，請站起來。這時，容閎第一個站了起來。接著站起來的是一個叫黃寬的孩子，然後，又有一個叫黃勝的孩子也站了起來。

　　晚上，當容閎把自己的決定告訴母親時，母親哭了。那時到海外去，很可能意味著生離死別，但母親最終還是同意了。

　　1947年1月4日，布朗和妻子，再加上三個中國孩子在香港登上了滿載中國茶葉的「女獵人號」貨船。三個中國孩子的船資是由美國商人奧利芬資助的，對於家長，布朗則決定在三個孩子留美期間給他們寄瞻養金，以示撫慰。

　　這是容閎、黃寬、黃勝三人的第一次坐船遠行。當時還沒有開通蘇伊士運河，船隻需要繞道非洲南端的好望角，所以，他們共在海上航行了98天。這期間，布朗不斷地教給三個中國孩子各種知識。當船在南大西洋聖赫勒拿島停泊補充淡水和食物時，布朗帶著三個中國孩子上岸憑弔拿破崙墓地。三個孩子已經讀過了世界歷史，知道拿破崙的相關事蹟。容閎等人看到，拿破崙墓只剩下了一個空穴，墓地僅有一棵大柳樹，下垂的枝條迎風招展。面對此情，容閎心頭湧起的是蘇軾〈前赤壁賦〉裏描寫曹操的句子：「固一世之雄也，而今安在哉？」

　　到了美國之後，布朗將三個中國孩子安排進入麻塞諸塞州芒松中學讀高中，並讓自己的母親照料他們。三個孩子中的黃勝，因水土不服，在芒松中學讀了一年即輟學返回香港，容閎和黃寬則讀完了全部課程。隨後，黃寬考入愛丁堡大學醫學院，前往英國蘇格蘭，而容閎於1850年考入了耶魯大學。容閎進入耶魯大學時全校有500名學生，只有他一名華人。為了解決經費問題，容閎在校謀求職業，為同學們辦伙食。後來，他又獲得耶魯大學兄弟會圖書管理員的職位，以半工半讀的方式完成了四年學業。

　　1854年夏，容閎獲耶魯大學文學學士學位，成為第一個受過完整美國教育並取得學位的中國人。他同時也是我國第一個海外留學生。在耶魯大學的這段時間，容閎確立了自己的志向。他說：「整

個大學階段，中國的可悲境況經常出現在我的腦海，令人感到心情
沉重。在大學最後一年，我心裏已經計畫好了將來所要做的事情。
我決定使中國的下一輩人享受與我同樣的教育。如此，通過西方教
育，中國將得以復興，變成一個開明、富強的國家。我盡一切智慧
和精力奔向這個目標。」

幼童留學

　　1854年冬，容閎歸國。

　　作為近代最早的「海歸」，容閎雖然有美國耶魯大學頒發的
洋文憑（學士學位），但因為沒有秀才、舉人等科舉頭銜，他竟難
以覓得一官半職。無奈之下他只得先在上海海關做事，先當翻譯，
轉而經商，開茶葉公司。經過七八年的闖蕩，容閎有了名氣，得到
洋務派官僚的賞識。1863年曾國藩致函容閎，「亟思一見」。於
是，容閎成了曾國藩的幕僚，幫助曾國藩辦理洋務。1870年，曾國
藩往天津處理「天津教案」，容閎當翻譯，有了和曾國藩單獨接觸
的機會，於是他大膽向曾國藩提出了他的「留學教育計畫」——即
由朝廷出資，選送幼童出國留學。他的建議得到了曾國藩的贊同。
1871年9月3日，曾國藩向同治皇帝上奏摺〈挑選幼童赴泰西肄業章
程〉，得到了同意。這樣，經過近20年的努力，中國向西方選派幼
童留學的制度才開始啟動。

　　曾國藩和李鴻章等人計畫先向美國派120名留學生，主要學習科
技、工程等辦洋務急需的學科。考慮到語言問題，決定選10到16歲
的幼童出國；從1872年起每年派30名，至1875年派完；留學年限為15
年；經費一律由清廷支付。如果在今天，這樣優越的條件，難得的機
會，不知有多少人會千方百計去爭取；但在那時，絕大多數人對出國

留學視為畏途，尤其是美國，離中國遙遠，不少人認為那是個非常野蠻而不開化的地方。況且將十多歲的孩子送出國，一別就是15年，還要簽字畫押，「生死各安天命」，這也讓一般家長難以接受。

容閎使出全身解數，還是招不滿30名幼童。於是他又返回老家動員鄉親們報名，同時在附近縣市活動，最後又在香港招了幾名，才湊足30名，於1872年8月11日由上海赴美。這首批赴美留學的幼童中，就有日後成為主持修建京張鐵路的中國鐵路之父詹天佑。

詹天佑後來的岳父譚伯村當時經常往來於南海和香港之間，對西方社會有所瞭解。他和詹家是鄰居，從小就非常喜歡聰明好學的詹天佑，認定這個孩子將來一定有出息。於是他就勸詹天佑的父母送子出洋留學。詹家雖然不富裕，但也不是赤貧，開始並不願意讓小孩留洋。但譚伯村極力勸說，並同意將自己的第四個女兒譚菊珍許配給詹天佑。在這種情況下，詹天佑的父親詹興洪才同意送子出國留學。

1872年8月，包括詹天佑在內的30名幼童由容閎率領，從上海坐船赴美留學。到達美國後，為顯示大清威儀，幼童們上岸時一身中式打扮：瓜皮帽，藍緞褂，黑布鞋，還排著整齊的隊伍，而每人一條烏黑油亮的小辮子又引起了美國人的無限好奇。容閎按照美方的建議，將這些孩子安排在新英格蘭地區的幾十個美國家庭裏。首批幼童留洋後，清廷在此後的3年間又陸續選派了3批幼童赴美，使總人數達到了120人。這些小孩經過兩三年的英語補習，很快便融入了美國社會，他們學習刻苦，在「繪畫、地圖、演算法、人物、花木方面，皆有規格」，「洋文數頁，西人閱之，亦皆嘖嘖稱讚」。

可是，就在留洋幼童學業上大有長進之時，清廷方面卻憂心無比。因為清廷之所以派遣幼童出國留學，本身是希望這些孩子學習西方的先進技術，日後好回國挽救積貧積弱的大清帝國。他們從骨子裏是不希望這些孩子被「美國化」的。為了做到這一點，他們

還專門為這些小孩子開設了「四書五經」一類的儒學課程，向他們灌輸封建綱常禮教。可是，身在美國的幼童接受的是西方教育，過的是美式生活方式，潛移默化之下，他們自然更傾心於西方的個人權利、自由、民主等觀念，而對中國的封建禮節和綱常倫理不以為然。不少幼童還剪掉了辮子，只在見清廷督導官員時再弄一根假辮子裝上。充滿活力的幼童還與美國孩子一起參加各類體育活動，詹天佑就參加了棒球隊。有的幼童還信奉了基督教。幼童們的這些「美國化」的傾向讓清廷的保守官員十分氣惱，他們頻頻向清廷寫奏摺，講留美幼童如何「美國化」，如何「大逆不道」。

　　1881年，清廷下令，中止所有留美幼童的學業，全體回國。清廷原定讓所有幼童在美國學滿15年，然後再回來「建設祖國」，現在提前「召回」，絕大多數人都沒有完成預定的學業。在120名留學生當中，只有詹天佑和歐陽賡大學畢業。

　　作為「海歸」，這些留美學生回國後非但沒有受到歡迎，相反倒受到了歧視，官府一度像對待囚徒一樣把他們看管起來。受過西方思想薰陶的這批青年人，遭到清廷如此粗暴的侮辱、歧視，他們自然很憤怒，日後，他們中的絕大多數人都成了大清王朝的「掘墓人」。

　　詹天佑在留美期間刻苦學習，大學畢業考試中以名列第一的成績畢業。回國後，他本想將所學本領貢獻給祖國的鐵路事業。但是，清廷根本不顧詹天佑的專業特長，把他差遣到福建水師學堂學駕駛海船，1882年11月又派他到旗艦「揚武」號上擔任駕駛官。後幾經周折，他才於1888年轉到中國鐵路公司，擔任工程師，幹上了他最熱愛的鐵路設計事業。

　　雖然容閎提倡的幼童留學計畫因保守勢力的反對而中途夭折，但它畢竟開啟了中國學生出洋留學的大門，這在中國近代史上具有著里程碑式的意義（這批幼童回國後，不少人成了棟樑，如詹天佑

成了中國鐵路之父；唐紹儀，曾任民國第一任總理；唐國安，清華學校首任校長；梁敦彥，曾任清廷外務大臣；梁如浩，交通大學創始人）。今天看來，中國人留學之門的開啟充滿了奇妙的機緣：如果說容閎是中國近代的留學之父的話，那麼美國傳教士布朗就是將這位留學之父帶出國門的人。因為奇妙的機緣，布朗改變了容閎的命運，而容閎又通過自己的努力推動了中國的留學制度，催生了中國近代史上的第一批官費留學生，寫下了中國留學史上的第一頁。

傳教士給予王韜的思想助力

　　王韜（1828－1897）是中國新聞史上第一位報刊政論家、改良主義思想家，他創辦的《循環日報》在中國報刊史上非常有名。這份報紙既有別於此前傳抄上諭為主要特點的中國古代報紙，又有別於以傳播教義、刊載商情為主要內容的近代傳教士報刊。《循環日報》論中外形勢，直陳時弊，褒貶得失，提出建議，使人耳目一新。作為一份政論報刊，《循環日報》還大膽改革文體，建設報刊政論文體。王韜為《循環日報》撰寫的政論，立場鮮明，短小精悍，深入淺出，通俗易懂，而且富於感情，後來發展成為一種新的報章文體，對以後的維新派報人影響很大。

　　作為近代史上著名的報人，王韜與傳教士之間的交往非常有趣，它不僅是中外文化交流史上的一段佳話，而且還對王韜的改良思想和報人生涯產生過重要影響。

王韜在墨海書館的日子

　　王韜是江蘇吳縣（今蘇州）人，原名利賓，字蘭卿。他出身於塾師家庭，22歲以前一直在家鄉接受傳統文化教育，「畢讀群經，旁涉諸史」，18歲中秀才，次年再試不中，遂放棄科舉，致力於經世致用之學。1849年，王韜的父親去世了，為了維持生計，他王韜受雇於英國傳教士麥都思所辦的墨海書館，協助翻譯宗教和科學書籍，幫助編輯中文雜誌《六合叢談》等。

　　上海墨海書館是外國人在中國創辦的第一所現代化的印刷出版機構,在印刷《聖經》之外,墨海書館出版了許多介紹西方科技文化的書籍,為西學傳入中國做出了重要貢獻。王韜受雇於墨海書館13年,這期間他廣泛接觸西學,思想受到了很大影響,並於1854年受洗入教。

　　據王韜自己記述,他最初對西學感興趣,並不是因為宗教,而是墨海書館給他留下了極好的觀感。其一,傳教士麥都思的兩個女兒落落大方,並不避諱異性,這讓王韜印象深刻。此後,王韜一直對西方女子心懷好感,尤其是對西方男女平等、女子受過良好教育等心馳神往,他還以自己接觸過的幾個西方女子為原型,創作了文言小說《媚梨小傳》,讚揚她們追求婚姻自由和個性解放的風尚。其二,墨海書館先進的印刷設備亦讓王韜大開眼界,他在《漫遊隨錄》中寫道:「後導觀印書,車床以牛曳之,車軸旋轉如飛,云一日可印數千番,誠巧而捷矣。」其三是圖書館,「書樓俱以玻璃作窗戶,光明無纖翳,洵屬玻璃世界,字架東西排列,位置依據字典,不容紊亂分毫」。

　　王韜進入墨海書館之初主要是幫助傳教士翻譯《聖經》,因傳教士中文水平畢竟有限,王韜就替他們潤色詞句。對於王韜的助譯,墨海書館裏的傳教士們非常滿意,稱其「能力超群」,對譯經工作「大有裨益」。

　　在墨海書館期間,王韜還與著名傳教士麥都思、偉烈亞力、艾約瑟等人合作,翻譯了不少西學著作,如《格致新學提要》(與艾約瑟合譯)、《光學圖說》(與艾約瑟合譯)、《華英通商事略》(與偉烈亞力合譯)、《重學淺說》(與偉烈亞力合譯)等,這些西學書籍囊括現代數學、物理、化學、機器製造、醫學、英國歷史等多種學科。通過自己的這段譯書經歷,王韜意識到了西學的重要

作用。他曾在日記中寫道：「予以為國家當於西人通商各口岸設立譯館數處，凡有士子願肄習英文者，聽入館中，以備他日之用。其果精深英文，則令譯西國有用之書，西國製造槍炮舟車及測量鉛丸所落遠近，皆有專書。苟識其字，則無不可譯。誠如此，則夷之性情既悉，夷之技巧既得矣，將見不十年間而其效可睹矣。」他的這種主張學習英文、翻譯西方書籍、學習西方先進技術的思想實為洋務思想之先聲。

隨著翻譯西學書籍及與傳教士交往的加深，王韜對基督教的看法發生了改變。當時的中國士大夫普遍對基督教懷有敵意，即便李鴻章、左宗棠等洋務派人士亦對基督教持提防心理，「明為保護，暗為防範」，「陽為撫循，陰為化導」，想以此達到「不禁而禁」之效。而王韜與時人的觀點不同，他因有與傳教士長時間的近距離接觸，且與麥都思、艾約瑟、偉烈亞力等人私交甚厚，所以對基督教的觀點也更加客觀。他不但不反對民眾信教，而且自己還親自聽牧師佈道，且稱讚艾約瑟講道「頗有精義，與詆毀儒理、摒斥佛老者迥異」。對於耶穌，他更是讚歎有加：「夫西域遠處海隅，敦寵初變，悍厲成風，而耶穌一人獨能使之遷善改進，以範圍而約束之，道垂於千百年，教訖於數萬里。嗚呼，謂非彼土之傑出者哉？」

麥都思去世後，王韜深感悲痛，他在1858年9月30日的日記中寫道：「麥牧師於丙辰八月中旬返國，冬盡得抵倫敦。至僅三月，溘焉而逝。聞信駭悼，汪然出涕。此海外一知己也。悲真刻骨，痛欲剟心。精契所在，存沒無間，人琴之感，幽顯懸殊。」可見他對麥都思感情之深。

王韜幫助傳教士理雅各翻譯《中國經典》

1862年，因上書太平天國，王韜遭到了清廷的通緝，只得離開上海的墨海書館，在英國人的幫助下逃亡香港。到香港後，他很快就與英國著名傳教士理雅各有了交往。王韜和理雅各兩人都是優秀學者，他們惺惺相惜，互相引為知己。王韜後來說：「獲識先生（指理雅各）於患難中，辱以文章學問相契。」

王韜所說「辱以文章學問相契」指的是兩人合作的譯經工作，不過，這次是將中國傳統經典著作譯成英文，此事在中外文化史上意義更為重大。

作為著名的漢學家，理雅各在中西文化史上所做最重大之事便是將中國傳統經典譯成英文，介紹到歐洲，而王韜則是其最重要的翻譯助手。

對於理雅各的翻譯工作，王韜這樣記述：「（理雅各）注全力於十三經，貫穿考核，討流溯源，別具見解，不隨凡俗。其言經也，不主一家，不專一說，博採旁涉，務亟其通，大抵取材於孔、鄭，而折衷於程朱，於漢宋之學，兩無所偏袒，譯有四子書、《尚書》兩種。書出，西儒見之，咸歎其詳明該洽，奉為南針。……而先生獨以西國儒宗，撫心媚古，俯首以就鉛槧之役，其志欲於群經悉有譯述，以廣其嘉惠後學之心，可不謂難歟？然豈足以盡先生哉！」

在王韜的幫助下，理雅各將中國傳統經典著作陸續譯出，以《中國經典》之名出版28卷。理雅各翻譯的《中國經典》是西方漢學劃時代的偉大作品，至今仍被視為中國經典的標準譯本。

在《中國經典》第三卷的前言中，理雅各寫道：「譯者亦不能不感謝而且承認蘇州學者王韜之貢獻。余所遇之中國學者，殆以彼為最博通中國典籍者。彼於1862年歲暮抵港，於精心所集之巨量

藏書特加讚賞，不時取用，並以滿懷熱忱，進行工作，隨處為余解
釋或論辯。彼不特助余工作，且於工作辛勞之際，並為余帶來樂趣
也。」

　　1867年初，理雅各因事回國，翻譯《中國經典》的工作暫時中
斷了一段時間，到年底，他來信邀王韜去英國，繼續助其翻譯《中國
經典》。王韜夙有漫遊世界之心，得此機會自然不願放過，遂於1867
年12月15日乘船離開香港，前往歐洲。這次長途旅行使王韜「遍遊域
外諸國，覽其山川之詭異，查其民俗之醇漓，識其國勢之盛衰，稔其
兵力之強弱」，這大大開闊了王韜的眼界，對其日後成為著名的啟蒙
思想家影響很大。王韜自己記述，到了倫敦和巴黎之後，「始知海外
之盛」。他稱讚「法京巴黎，為歐洲一大都會，其人物之殷闐，宮室
之壯麗，居住之繁華，園林之美勝，甲於一時，殆無與儷」。

　　抵達英國後，王韜又在理雅各的家鄉蘇格蘭中部住了兩年多。
這期間，王韜除了幫助理雅各翻譯《中國經典》外，還廣泛考察了
英國的政教、工業、風土人情等，對英國文化有個更直觀也更深刻
的認識。

　　此外，旅居英國期間，王韜還拜訪了一批曾經來華的著名傳教
士，如湛約翰、慕維廉、韋廉臣等。這些傳教士都是著名學者，所
以，王韜這次旅居英國的生活，可以算作是中西方學者之間第一次
深入的交流。有人評說，這也是中國近代知識份子走向世界的第一
步。在王韜之前，雖然也有容閎、黃勝、黃寬等中國人由傳教士布
朗帶到西方，但他們離開中國時還是少年，並非成名的學者，而王
韜則是既受過中國傳統文化教育、又在西方度過一段非凡時光的中
國學者。對於因特殊因緣而成就遊歷歐洲的經歷，王韜自己日後也
頗感自得，他說：「余之至泰西也，不啻為前路之導，捷足之登，
無論學士大夫無有至者，即文人勝流亦復絕跡。」

　　1872年3月，王韜隨理雅各回到香港，結束了旅居英國的歲月。1873年，理雅各回國主持牛津大學漢學講座，王韜與之合作的翻譯生涯亦隨之結束。

王韜與傳教士交往的文化意義

　　從1849年至1873年，王韜與英國傳教士接觸共事長達24年之久，這段經歷對王韜後日成為著名的報刊政論家和啟蒙思想家至關重要。可以說，正是通過與傳教士的長期接觸以及遊歷歐洲的旅居生涯，王韜才完成了從傳統文人向近代啟蒙思想家的轉變。在王韜之前，中國人還抱有根深柢固的中國中心論和「夷夏觀念」，認為歐洲各國不過是「生番」、夷狄而已，王韜在與英國著名傳教士（這些人其實都是學術精英）深入接觸之後，在去歐洲遊歷、考察之後，以自己的切身感受證明，西方人並非夷狄，西方文化是與中國文化具有同等價值的文化體系，西方諸國是超越中國皇權之外的獨立政治實體，中國絕非世界的中心和主宰，世界是多元共存的。不僅如此，中國還應該向西方學習先進的科技。

　　與時人所持閉關鎖國的觀念不同，有過「西學背景」的王韜對東西方文化大碰撞持一種開放的姿態。他認為，西人入華（包括來華傳教、經商等）是「古今之創事，天地之變局」──「當今光氣大開，遠方畢至，海舶估艘，羽集鱗萃，歐洲諸邦幾於國有其人，商居其利，凡前史之所未載，亙古之所未通，無不款關互市，……近聞呂宋、日本又將入請矣。合地球東西南朔幾萬里之遙，胥聚於我一中國之中，此古今之創事，天地之變局，所謂不世出之機也。」正因如此，王韜提出了主動開埠通商、藉機學習西方、變法自強的主張，他說：「天之聚數十西國於一中國，非欲弱中國，正

欲強國，以磨礪我中國英雄智奇之士。」他還舉日本的例子說明此事：「日本與米部（指美國）通商僅七八年耳，而於槍炮舟車機器諸事皆能構製，精心揣合，不下西人；巍巍上國，堂堂天朝，豈反不如東瀛一島國哉！」

　　1872年返港不久，王韜即與友人黃勝等購買了英華書院的印刷設備，並於一年之後創辦了《循環日報》。關於創辦《循環日報》的宗旨，王韜概括為「強中以攘外，諏遠以師長」，就是要學習西方先進文化、以抵制外患之意。王韜任《循環日報》主筆10年，他注重言論的作用，幾乎每期都登載評論文章，內容都是宣傳學習西方的必要性及中國變法圖強的緊迫性。這些評論文章多出自王韜之手，他也由此名聲大噪，成為中國著名的報人和改良主義思想家，他的學習西方、變法圖強的思想影響了一代又一代中國知識份子。

第一輯

第二輯

傳教與漢學

傳教士倪維思與煙臺蘋果

　　「煙臺蘋果萊陽梨」，煙臺蘋果享譽國內外，這一點很多人都知道。可是，能夠把煙臺蘋果與傳教士聯繫在一起，並能說清其中「因緣」的人，恐怕就沒有那麼多了。這也難怪，越是熟悉的事物，人們往往越是懶於刨根問柢，探究它們的歷史淵源和文化背景。

　　其實，很多看似平常的事物，其背後往往隱藏著一段不平常的人文資訊和歷史故事。在這裏我就想給大家講一段美國傳教士與煙臺蘋果的故事。

　　這位美國傳教士的名字叫倪維思，他於1829年出生在美國紐約州。他的父親是一個大農場主，在倪維思出生剛18個月就去世了。倪維思在祖父的家中度過了自己的童年，並受到了祖父的宗教影響。1848年，倪維思大學畢業，到喬治亞州的一所學校教書，兩年後，他考入普林斯頓神學院，決心當一名傳教士。在神學院學習期間，倪維思非常刻苦，取得了優異的成績。1853年，倪維思向美國長老會總部遞交申請書，要求派自己到中國傳教，長老會差會批准了他的請求。於是，他帶著剛剛新婚兩個月的妻子，啟程前往中國，在經過四個多月的海上航行之後，他於1854年2月抵達中國上海，隨後趕往寧波，開始了他在中國的傳教生涯。

　　1860年英法聯軍進攻北京，隨後，英、法、俄等國強迫清廷簽訂了《北京條約》，《北京條約》除了確認原來的《中英天津條約》仍然有效外，又增加了天津、山東登州等地為對外開放口岸，允許西方傳教士在這些開放口岸修建教堂，從事傳教活動。得知這一消息後，倪維思非常興奮，他立即寫信回國，向長老會差會報告：「長江

和華北若干地區現在正在向我們開放。我們應該看到,事實上全中國都已經向我們開放了。從條約方面來說,它是開門了,其餘的工作則要由我們傳教士自己來做。」於是,倪維思自告奮勇,於1861年來到了山東登州(即今天的蓬萊)。在登州,倪維思以觀音堂做教堂開始了傳教活動。之所以選擇觀音堂作為傳教場所,是因為倪維思的獨具慧眼。他發現,佛教建築的觀音廟並不是印度形式的建築,而是中國本土居室的傳統形式。正因為外來宗教得到了本土文化的認同,所以佛教才在中國得以傳播。他從這種現象中領悟到,基督教要在中國生根發芽,也必須像佛教一樣適應中國的本土環境。

在登州傳教期間,倪維思和夫人一起創辦了登州女子學堂,這是山東第一所女子學校,具有開教育先河的意義。傳教、辦學之餘,倪維思還到山東青州、濰縣、臨沂等地從事賑災活動,這些工作使得倪維思贏得了百姓的尊重,不少人由此加入了基督教。

1871年,倪維思又到了山東煙臺傳教,傳教之餘,他買下十餘畝的土地,用來進行果樹栽培。原來,倪維思年輕時學習過果樹栽培技術。來到山東後,他發現山東的氣候、土壤等與美國相似,而所產水果遠不如美國,於是就萌生了改良果樹的念頭。他將美國的蘋果移植到煙臺,以嫁接、育苗等方法培育,使之成為具有特別香味的新品種,結果,他栽培的蘋果樹異常成功,附近州縣的人民競相推廣,很快就成為農家重要的副業。這便是後來享譽國內外的「煙臺蘋果」。隨後,煙臺也因為這種蘋果而成了著名的水果之都。

最後需要說明的是,倪維思在中國傳教的時間長達40年,他留下了很多著述,主要有《天路指南》、《神道總論》等。1893年,倪維思在煙臺去世。

作為傳教士,倪維思來中國的目的當然是為了「傳播上帝的福音」,讓古老的中國接受基督教。有趣的是,倪維思在中國山東辛

辛苦苦傳教40年，可基督教最終仍沒有被中國人廣泛接受，倒是他在傳教過程中所從事的副業——栽培出的煙臺蘋果——讓中國人受惠不少。今天，當人們吃著香噴噴的煙臺蘋果時，恐怕很少有人會想到它與美國傳教士倪維思的這段因緣，甚至，倪維思這個人的名字也已被人們一天一天地淡忘，但是，煙臺蘋果的盛名和芳香卻永遠地流傳了下來。

傳教士對西學的傳播，恰好順應了中國「師夷長技以制夷」的思潮。於是，兩者一拍即合：中國人不但不反對，甚至還很歡迎外報介紹西學；傳教士看到中國人對西學的興趣如此濃厚，也自以為得計，認為這是他們「以學輔教」策略的初步勝利，以為用不了多久，中國人就可以從西學轉到「西教」上來。在他們看來，中國一旦效仿西方進行改革，實行新政，就會產生一種親西方的態度，而這有利於基督教在中國的傳播。同時，他們在鼓吹變法時也一直強調，西教、西學、西政是三位一體的，西教是西學、西政的根本，中國要「採西學」、「行西政」，就必須「從西教」。

但是，中國的維新人士並不接受傳教士的宗教宣傳，他們不相信基督教為西學的根本。即便承認宗教的作用，康有為、梁啟超等維新派要在中國弘揚的也是「孔教」，而非基督教。

在接受了西學之後，中國這頭睡獅逐漸甦醒了，維新人士以啟蒙者的姿態出現在中國的政治和思想文化舞臺上。這時，他們毫不猶豫地批評了傳教士關於西學、西政、西教三位一體的「謬說」，認為中國「政可變，學可變，而教不可變」。「強其國而四百兆黃種不懼為奴，保其教而三千年素王無憂墜地，是在善變，是在善不變」。所以，就傳播西學而言，傳教士報刊在中國是成功的；可就傳播基督教本身而言，它又是失敗的。它的成功在策略上，它的失

敗在目的上。傳教士報刊的悖論就在於：它喚醒了中國人的思想，可是醒過來的中國人並沒有投入到基督教的懷抱。

　　這其實是「助產婆」的悲劇。「助產」成功之時便是新生兒不再依賴「助產婆」之日。不論「助產婆」如何辛勞，都無法取代母親在嬰兒心中的地位——嬰兒曾經與母親血肉相連，以後還要喝著母親的乳汁長大，成人後最想報答的也是自己的母親，而非「助產婆」。這一點，恰如今天的人們吃著煙臺蘋果而忘記基督教和當年的傳教士倪維思一樣。

理雅各：從傳教士到漢學家

從傳教到翻譯中國經典

在中國近代史上，有一批傳教士自西方來到中國，向中國人「傳播上帝的福音」。有意思的是，好多傳教士在向中國人傳播基督教及西方先進科技的同時，自己為中國文化所吸引，最後成了有名的漢學家。在這些人中，英國傳教士理雅各是非常典型的一位。

理雅各（James Legge）於1815年出生於英國蘇格蘭亞伯丁郡的杭特利城，他從小就學習刻苦，考入亞伯丁英王學院，19歲的時候以全校第一名的成績大學畢業。1839年7月，他帶了新婚夫人從英國乘船前往東方傳教，於1840年1月抵達南洋麻六甲，擔任英華書院校長。英華書院是由英國來華的第一個傳教士馬禮遜在1818年創辦的教育機構，旨在培養適合東方國家的傳教士。英華書院的第一任校長是著名傳教士米憐，後來陸續更換了5個校長，理雅各是第六任校長，當時他才25歲。

鴉片戰爭結束後，理雅各於1843年將英華書院遷到香港。遷到香港之後，英華書院的辦學宗旨隨著理雅各的思想轉變而悄然改變，它逐漸由一所培養傳教士的書院變成了招收中國青少年的教會學校。

理雅各不是一位固執守舊的傳教士，他善於學習，不僅主張傳教士與華人平等，甚至還主張走中西宗教相互融合的道路。出於良知，理雅各反對鴉片貿易，認為「這是一種罪惡的交易」，不僅使成千上萬的中國人受害，而且也不利於中英之間的正常貿易。

在傳教和教學的過程中，理雅各認識到了學習中國文化的重要性，他很推崇孔子，說：「孔子是古代著作、事蹟的保存者，中國黃金時代箴言的詮注者和解釋者。過去，他是中國人中的中國人，現在正如所有人相信的那樣，他應以更好的和最崇高的身份，代表著人類最美好的理想。」他還告誡其他傳教士：「只有透徹地掌握中國的經典書籍，親自考察中國聖賢所建立的道德、社會和政治生活，我們才能對得起自己的職業和地位。」在這種思想的支配下，理雅各開始系統地研究和翻譯中國古代的經典著作。在中國學者王韜等人的輔助下，理雅各陸續翻譯了《論語》、《大學》、《中庸》、《孟子》、《春秋》、《禮記》、《書經》、《孝經》、《易經》、《詩經》、《道德經》、《莊子》等中國的經典著作，歷時25年。

牛津大學的第一任漢學教授

理雅各開始翻譯中國典籍時曾一度為出版經費問題發愁。後來，香港怡和洋行老闆查頓的侄子約瑟・賈丁對理雅各說：「如果您已經譯好了著作，那麼出版的錢由我來付。我們的錢是在中國賺的，我們樂意幫助您出版關於中國典籍的譯作。」

1861年，理雅各翻譯的《中國經典》第一卷出版，內容包括《論語》、《大學》和《中庸》。書稿出版後，英商顛地答應理雅各，在華的每個傳教士，不論是屬於天主教的還是屬於基督教（新教）的，每人只須出一半的價錢就可購買一部，其餘一半的錢全部由顛地來付。在顛地的帶動下，其他一些在華外商此後贊助過理雅各譯著的出版。

理雅各之前的西方來華傳教士雖也對中國的經典著作做過翻譯，但都是片段性的翻譯，而且由於中文不精，譯文詞句粗劣，謬

誤百出。理雅各在翻譯的過程中治學嚴謹，博採眾長，他把前人用拉丁、英、法、意等語種譯出的有關文字悉數找來，認真參考，反覆斟酌。除此之外，他還要與中國學者反覆討論，最後才落筆翻譯。「功夫不負有心人」，理雅各翻譯的中國經典著作質量絕佳，體系完整，直到今天還是西方公認的標準譯本，他本人也因此成為蜚聲世界的漢學家。

　　理雅各的譯作被冠以《中國經典》之名在西方陸續出版。出版之後引起了轟動，歐美人士由此得以深入瞭解中國的傳統文化，理雅各也因在翻譯上的成就與漢學研究方面的貢獻，於1876年獲法蘭西學院儒蓮漢籍國際翻譯獎。1870年，亞伯丁大學授予他法學博士學位，在愛丁堡大學舉行300週年校慶慶典中，理雅各是最尊重的人物之一。理雅各還多次訪問法國，同法國著名的東方學家朱利昂進行高水準的漢學交流，積極向西方社會介紹中國文化。

　　1873年，理雅各離開香港回英國。離開中國之前，他到山東、天津、北京等地旅遊，拜謁孔廟，遊覽泰山，登臨長城，然後南下江蘇，從上海登船回國。這是一次告別之旅，此後，這位著名的漢學家再也沒有踏上過中國的土地，但他的「中國情結」卻始終沒有減退。

　　回到英國之後，理雅各極力宣傳研究中國文化的重要性。當時在中國的一些英國外交官和商人提出應在牛津大學建立漢學講座，並推薦理雅各擔任第一任教授。英國輿論對此也積極支持，有媒體稱：「我們在東方、特別是在中國的利益超過了所有其他歐洲國家加在一起的利益，但在研究東方語言文獻方面卻做得很少。……在漢學研究方面少做或者不做，僅從商業觀點來可看也是難以理解的。」

　　最後，在英國前任駐華共識阿禮國和前任香港總督德庇時的倡導下，英國牛津大學設立了漢學講座，理雅各當之無愧地成為牛津大學的第一任漢學教授。雖然回到了英國，當上了牛津大學的漢學教

授，但理雅各依然保持著他早年在中國養成的生活習慣，每天凌晨三點鐘起床，在書桌上連續工作5個小時之後才用早餐，隨後開始正常的教學和研究工作，這樣，他每天的工作時間都在12個小時以上。在謝世的前兩年，理雅各還翻譯出版了屈原的《離騷》英文版。

理雅各把勤奮治學的狀態一直保持到生命的最後時刻，1897年11月29日，理雅各在講課時突然中風倒地，溘然長逝，終年82歲。學生們把他最後寫在黑板上的字拍下來，作為紀念。理雅各葬在了牛津，花崗岩做成的墓碑上寫著：「赴華傳教士與牛津大學首任漢學教授」。英國學術界為理雅各舉行了隆重的葬禮，後來，世界各地的漢學家到牛津訪問總要到他的墓地上去獻花，憑弔。

中西方文化交流的橋樑

理雅各向西方輸出的不只是中國的經書，還有中國的宗教以及其他文化現象。與早期傲慢的新教傳教士相比，理雅各對待中國宗教的態度是客觀、認真而尊重的，他呼籲傳教士「不要在孔子的墳墓上橫衝直撞」。像他那樣重學術理性的宗教專著在早期新教傳教士中甚為罕見。他的論述中見不到對中國的謾罵、無理的攻擊，相反，他對中國文化表現出一種親和態度，體現出蘇格蘭神學思想的開放性與獨立性。

理雅各還向東方輸入了西方近代化的理念。理雅各主編的《遐邇貫珍》，大量刊載新聞，率先刊登有償廣告以維持報紙印行的開銷，同時大量介紹西方科學技術，如此給香港的報業帶來了近代化氣息。

理雅各主持的英華書院（後為英華神學院）引進了西式教育，衝擊了中國的舊式教育，他在實用化的課程設置、教材使用等方面

表現出了近代化的特色，有助於培養中國奇缺的專業人才並提高人才的素質。他與華人的交遊使他們成為頗有作為的社會改革人士，如黃勝、王韜、洪仁玕、何進善父子，這些人受他的影響摒棄了唯我獨尊的天朝觀念，開始大力倡導「西學」。

　　20世紀60年代初，香港大學為紀念理雅各，再版了他的5卷《中國經典》，並設立理雅各獎（James Legge Prize），獎給中文系四年級本科生在畢業前寫出的對中西文化的詮釋有所貢獻的論文。

　　理雅各用五十餘年的時間，架起了一座中西方文化交流的橋樑。他的一生開始於向東方宣揚基督教義，然而卻顯赫於向西方傳播中國文化，他結束了西方學者對中國經典文獻的業餘水準，使之走上了專業化的道路。今天，中西方之間的文化交流日益頻繁，這一成果的取得與理雅各的努力密不可分。

第二輯

帶槍傳教的狄考文

　　鴉片戰爭之後，西方傳教士紛紛來到中國傳教。山東作為中國的沿海省份，吸引了很多傳教士的目光。傳教士們紛紛在這裏從事傳教、教育、慈善等活動。在這樣的背景下，山東的許多教會學校脫穎而出，聞名全國。登州文會館就是這樣的一所教會學校。登州文會館的前身是蒙養學堂，而它本身又是齊魯大學的前身。由小學而中學，由中學而大學，這一歷程在教會學校的發展史上很有典型意義。據此，有的學者認為登州文會館是中國最早的教會大學。而創辦蒙養學堂和登州文會館的人就是著名的基督教傳教士狄考文（Calvin Wilson Mateer）。

初到中國的狄考文

　　狄考文（1836－1908），出生於美國賓夕法尼亞州，父親和母親均為美國長老會的教徒，所以他從小就受到基督教的薰陶，中學後接受洗禮，也成了一名基督教徒。1863年，已經擔任神職的狄考文接受美國長老會的派遣，攜新婚夫人前往中國。他們於1864年1月在山東登州（今蓬萊）登陸，從此開始了在中國的傳教生涯。

　　到達山東登州後，狄考文苦學漢語，在幾個月的時間內，他就學會了漢語，開始用漢語傳教。他一邊傳教，一邊調查山東的風土人情。初步的調查大大地刺激了狄考文的野心，他在給美國長老會寫的報告中稱：「山東省比我的家鄉賓夕法尼亞州還要大三分之一，居民有三千萬之眾，氣候與美國肯塔基州相似，出產也沒多大

的差別。我要大聲疾呼：讓長老會攻佔這個省份。在以往的時代裏，中國的宗教和政治都是由山東產生的，而今後則基督教要教育中國。」

　　狄考文傳教有個特點，就是每次外出都要帶著手槍（這把手槍是他在離開美國之前購買的）。嘴裏講著福音書，身上帶著手槍，狄考文的這種做法的確很有象徵意味──中國確實是在武力的威懾之下才向基督教敞開國門的。

　　1864年4月，狄考文帶著28箱福音書，從登州出發，一路散發。一天，在前往青州府的路上，一群中國人見到狄考文都喊「洋鬼子」。狄考文早已習慣了中國人對他的這種稱號，不以為然，繼續「講道」，可是，當他指責當地的群眾不該迷信占卜的時候，聽眾中的一位算命先生要同他進行辯論。狄考文自恃有理，毫不謙讓，結果發生了爭執。那位算命先生看到群眾支持自己，就拿一把長矛，要刺殺狄考文。狄考文的手槍這時恰好派上用場，他向後退了幾步，一手按住長矛，一手拔出手槍。算命先生一看這個「洋鬼子」手裏有槍，自知不是對手，趕緊扔掉長矛逃跑。

　　在傳教的過程中，狄考文明顯地感受到了中國人對「洋教」的敵視情緒，遂萌生了宗教要「同種相傳」和培養「天性未漓之兒童」的想法。於是，他在登州租了一座廢棄的寺院，招收了六名窮孩子，教他們讀書。對這六名「寒素不能讀書」的孩子，狄考文「不唯免其脩金，並且豐其供給，一切衣履、鞋襪、飲食、紙張、醫藥、燈火以及歸家路費，皆給自本堂」。他把這所慈善小學定名為蒙養學堂。狄考文聘請一位受洗入教的中國儒生教授經學，他親自教常識、算術，他的妻子則教授地理、音樂。

　　對於創辦蒙養學堂的初衷，該校早期的畢業生王元德先生說：「先生蒞登州時，其他傳道於中國者，唯賴一己之口舌……而先

生竊思一人之能力幾何，偌大之中國，不可以少數西人而廣收其效也。況以同種傳同種易，異種傳異種難，不若招集天性未漓之兒童，培之以真道，啟之以實學，更復結以恩義，以其學成致用，布散國內，其收效之速，當止倍蓰。」

蒙養學堂在1864至1872年間只有小學課程，從1873年開始設中學課程，到1876年停止，歷時12年之久，可是辦學效果並不明顯。據統計，蒙養學堂在小學階段共收「生徒」85人，其中學滿6年者只有4人，而「皈依基督教者，凡十四人，至一八七二年背道者已五人矣」。中學階段，蒙養學堂所教學生「不堪造就者十之九，其效用於教會者，一人耳」。

雖然蒙養學堂沒有實現狄考文的辦學初衷，但狄考文通過這十多年的辦學實踐，總結出了在中國開辦教會學校的成熟理念，為他日後創辦山東登州文會館積累了經驗。

登州文會館的創建

1876年，狄考文將登州蒙養學堂改為文會館，由中學升格為書院。登州文會館除了教授基督教課程外，還將中國的儒家經典作為十分重要的課程來學習。之所以這樣做，狄考文是有著充分考慮的：山東是儒家思想的發源地，教會學校要在山東立足並產生影響，不重視儒家經典的學習是行不通的。

狄考文說：「真正的教會學校，其作用並不單在傳教，使學生受洗入教。而應看得更遠，要進而給入教的學生以智慧和道德的訓練，使學生能成為社會上和教會內有勢力的人物，成為一般民眾的先生和領袖。……中國作為儒家思想支柱的是受過高等教育的士大夫階層，如果我們要對儒家的地位取而代之，我們就要訓練好自

己的人，用基督教和科學教育他們，使他們能勝過中國的舊式士大夫，從而取得舊式士大夫所佔的統治地位。」他還說：「本校重視這些論說（指儒家經典），因政府科舉所要求的，也是作為受尊敬的學者所必需的。」顯而易見，狄考文創辦登州文會館的目的，就是要培養出既認同基督教，又熟知儒家經典的新式士大夫階層，以取代中國舊式的士大夫。

登州文會館與其他教會學校最大的不同就是它不開英語課。對此，狄考文也有自己的理由，他說：「假使我們必須教授英語，我們無疑將得到中國官吏和富人的贊助和支持。這樣，我們將被迫放棄學校的具有特色的宗教性質這個好的措施。我們招到的將是另一類學生。學校的宗教風氣將迅速改變，而置我們於不顧。還有一個結果也將不可避免，那就是，中國的學術標準將下降，學習英語將使掌握中國古典文學受到致命的影響。學生們學到英語後……他們將立即去找工作，他們的英語知識將給他們高的工資。更有進者，登州不是一個外國人居住的商埠，而是一個隔開的內地城市，這裏不是設立一所學校教授英語，使之成為顯著特點的地方。」

除基督教和儒家經典外，登州文會館還教授許多自然科學和社會科學的知識，包括數學、世界地理、世界歷史、心理學、邏輯學、政治經濟學、測繪學等，這對當時的中國是具有啟蒙意義的。

1881年，狄考文向美國長老會總部提交了把文會館建成正式大學的計畫書。計畫書的內容包括：登州文會館擴建為大學，定名為山東書院；在基督教的影響下，對學生施行充分的中西學教育；所有課程都用中文教授；逐步實現學生自備學費，儘快培養一批能勝任教學工作的中國籍教師；學校向中心地區遷移。到1890年，他把計畫書中所體現的思想概括為三句話，即「實施完整的教育」，「用中國的語言施教」，「在強烈的宗教影響下進行教育」。他

說，這三點不僅僅是一種理論，而「恰恰是登州學校持續二十五年提煉出來的實踐經驗」。狄考文一再強調：教會學校必須講授中國的儒家經典、西方的自然科學和社會科學；教會學校必須形成中學到大學的遞進的教育體系；教會學校培養出來的學生必須能為中國所用。只有這樣，基督教思想才能在中國得以廣泛傳播。

在這種教育理念的指導下，登州文會館發展迅速。狄考文每次回國休假都要參觀新建立的現代化企業，瞭解科技的最新發展情況，並不惜重金購置實驗設備。這樣，到了19世紀末，登州文會館已經擁有了和美國一般大學同樣的設備。後來被認為是齊魯大學四大設備的實驗室、電機房、天文臺、印刷廠在此時已然成形。

1900年，義和團運動爆發，狄考文在登州經營多年的文會館被毀。1902年，時局平靜後，美國長老會與英國浸禮會在青州舉行聯席會議，通過了合辦山東基督教聯合大學的決議。1903年，登州文會館與英國浸禮會在青州辦的廣德書院合併，定名為廣文學堂。1917年，廣文學堂與青州神學院合併，隨後，搬到「中心地區」濟南開學，是為齊魯大學的前身。

狄考文的其他活動

1895年，狄考文辭去了登州文會館校長的職務，把主要精力用在翻譯《聖經》上，此外，狄考文還參與了教會學校教材的編寫。1877年，在華基督教（新教）傳教士在上海舉行全國大會，會議通過了一項決議，就是各教派聯合組織一個學校教科書委員會，推舉狄考文為委員之一，並擔任主席。這個委員會決定編寫初級和高級教科書，以供教會學校使用。初級教科書主要由傅蘭雅負責，高級

教科書主要由林樂知負責，狄考文除了主持該委員會的全面工作
外，也承擔了一些編寫工作。

　　仍然是在1877年在華基督教（新教）傳教士第一次全國大會
上，傳教士內部發生了意見分歧，一部分傳教士認為，傳教士到中
國來，是為了向人們宣傳基督教，而不是為了傳播科技知識，「傳
播世俗的知識是需要的，但傳播福音更重要」，所以傳教士不應該
花時間從事科學知識的傳播，「這項任務應該由其他人來擔當」。
對此，狄考文表達了不同的意見。他宣讀了自己撰寫的報告〈基督
教差會與教育之關係〉，在這篇報告中，狄考文極力主張要通過傳
播科學的手段來傳播宗教，他說：「開辦教會學校的目的，我認
為……不僅要使他們皈依基督教，而是要在他們皈依基督教之後，
能成為上帝手中得力的代理人，以捍衛真理的事業。這些學校傳授
西方的科學和文明，必不可少地要在物質上和社會上產生巨大的善
果。」他還明確地指出，如果中國人的科學知識不是從傳教士那裏
學來的話，那麼日後中國人就會用科學來抵制基督教，「如果科學
不是作為宗教的盟友，它就會成為宗教最危險的敵人」。

　　1890年，在華基督教（新教）傳教士在上海召開第二次全國大
會，會議決議將原來的學校教材委員會改組為中華教育會，狄考文
當選為首任會長。正是在這次大會上，狄考文提出了教會教育的3
條原則：「實施完整的教育」，「用中國的語言施教」，「在強烈
的宗教影響下進行教育」。他在這次大會上再次強調：「不願意將
西方科學引進到中國來，這既不是正確的政策，也不是真正的基督
教精神所在。我們不管同意與否，西方科學將照樣輸入中國。教會
要是明智的話，就應當站在教育工作的最前列，在中國取得如同它
在西方國家所取得的地位，充當中國比較高級和優化教育的先驅。

這是它固有的權利，也是它應盡的責任。這樣做既可擴大科學和文化的影響，也可促進教會自身的發展。」

　　1908年，狄考文因患腹疾在青島去世，終年72歲。縱觀狄考文的一生，他的絕大部分時間和精力都用在辦教育、向中國人傳播「西學」上。雖然他這麼做的最終目的是為了傳播基督教，但是他創辦的登州文會館畢竟打開了一扇讓中國人瞭解「西學」、學習「西學」的視窗，客觀上促進了中國近代教育——尤其是山東近代教育——的發展。

衛禮賢和他的《中國心靈》

　　理查・衛禮賢（Richaid Wilhelm）是德國著名的漢學家、傳教士。1899年，他以同善會傳教士的身份來到了被德國佔領的中國青島，從事教育和慈善事業。此後的25年，他一直在中國，大部分時間是在山東度過的。

　　衛禮賢在中國親眼目睹了義和團運動的爆發、辛亥革命的發生和新文化運動的興起。在中國社會經歷歷史性巨變的時刻，作為外人的衛禮賢熱情地參與其中。在戰亂中，他帶領教眾救助受傷的民眾，同時利用自己會說中國話和傳教士的有利身份積極地調解各方矛盾。辛亥革命之後，他還在青島組織尊孔文社，推前清遺老勞乃宣主事，成為東西方文化交流的會所。1925年，衛禮賢回到德國，在法蘭克福創立中國研究所，他翻譯了大量中國古代哲學經典，他本人由此成為著名的漢學家，「中國在西方的精神使者」。他的主要著述有《中國文明簡史》、《實用中國常識》、《中國的經濟心理》、《中國心靈》等書，其中，《中國心靈》一書影響最大，與莫理循的《中國風情》、古德諾的《解析中國》齊名。

　　在《中國心靈》一書中，衛禮賢表達了他對儒家文化的深刻理解：「孔子曾依據當時的自然條件，構造了一個極端和諧的世界。他認為人對家族都有一種本能的執著。他的世界秩序就奠定在這種執著之上：比如人對家的自然而然的依戀；以及不受任何強制的、純粹出乎自然的父母對孩子的愛。這些人類的情感都被孔子用來做教化的原料。如果沒有正確、自然的表達方式，這些感情就會墮落、枯萎，因此孔子一直在努力尋找人類感情的正確形式。他試圖

通過確定外部行為的習慣和用音樂來影響人的內心世界這兩種辦法
來達到自己的目的。以家庭為中心，他向外擴展自己的行動領域。
國家，就是一個擴大化了的家庭，因此人民應具備的修養也就正是
家庭中那些最自然不過的事情。」他甚至還認為：「在人類歷史上
眾多的偉大人物中間，恐怕沒有第二個人能像孔子一樣，如此成功
地讓自己的思想精髓得到大眾的認可。」

　　儘管如此推崇孔子和儒家文化，但衛禮賢還是看到了儒家體系
日益沒落的現實。他接著寫道：「儒家體系的教誨已經到了盡頭。
就像母乳一樣向成長中的孩子灌輸知識、道德觀的儒家聖典已經不
再是小學生的學習內容了，它成為大學裏學術研究的對象。這一
切並非偶然。也許在新的世界裏，孔子思想中的某些東西註定要消
亡。可是其中永恆的東西——自然與文化的和諧這樣偉大的真理依
然會存在。它將是新哲學和人類新發展的巨大的推動力。」

　　局外人的獨特視角，加上對中國文化的深入瞭解，使得衛禮賢
對中國社會變革和「中國心靈」的認識均有獨到之處。在20世紀初
他就觀察到，「在美國，我們看到了最為發達的機械化經濟，這種
機械化是如此深遠，以至於人類自己作為一環也捲了進去，以一種
可以預測的精確度發揮著作用。而在中國，我們剛好可以看到另一
極，人力工具依然佔據重要位置，機械手段極為原始。……中國的
整個趨勢是工具盡可能簡單，工匠盡可能靈巧。生活的重點放在人
格的完善，而不是生產工具的完善上」。

　　人格的完善使得道德在中國受到異乎尋常的重視。儒家「克
己復禮」的教化和自給自足的農業文明都要求中國人有巨大的忍耐
力。忍耐到最後就是遷就，無是非，表現在實際生活中就是重視
「說合」，不善甚至不敢用法律武器維護自己的合法權益。對此，
衛禮賢在書中亦有描述：「這種忍耐，連同經濟上的相互依賴，已

經在村民之間形成了一種非同尋常的相互遷就。偶爾也有爭吵，但極少形成法律訴訟。法官住在很遠的城裏，並且因為來自其他省份（直到帝制結束，這是通例），對當地的情況並不瞭解。但他的手下絕不放過這個案子，無論如何都要從雙方當事人那裏榨出盡可能多的油水。這時為什麼不理智一點呢？自然有共同的熟人出來同雙方說合。一般是經過鄉紳的調解，雙方讓步，事情了結，最後共同舉辦一次宴會慶祝和解。基本的態度與其說是法律上勝利，不如說是達到一種法律上的安寧。」

既然中國人有極強的忍耐力，那麼為什麼中國歷史還會爆發大規模的農民起義？對此，衛禮賢也有精彩的解釋。忍耐都是有限度的，在個人層面上，中國人忍耐的限度就是不能「丟面子」。「對於『丟面子』的恐懼，可能是中國最強烈的道德推動力，比基督徒對下地獄的害怕還要強烈。」「如果你傷害了一個人的榮譽感，讓他『沒面子』，他就跟你沒完。」而在社會制度的層面上，「道德態度的緊密內聚，就像膠水一樣把個人緊緊地粘在一起，支持著他們也滋養著他們。其後果之一就是，當這個聯繫被刺穿以後，道德解體得也更快。因為沒有道德的支持，個人就會無助地聽從他內心的衝動；秩序的缺乏，會使他很快成為一團亂麻」。「非正義下長期的、痛苦的感情壓抑，往往導致人民突然的暴動，並不時地採取戰爭的形式。……所謂中國人的殘忍，必須在這種背景上來理解。這反映的並不是一種殘忍的心態，而是支持著道德感的某種因素的衰敗——在混亂的原始本能無拘無束地爆發和表現的時候。」

道德是一把雙刃劍，強烈的道德感能迅速地使整個民族形成合力，但是，這種道德體系一旦坍塌，「禮崩樂壞」的後果就是整個社會都會成為巨大的名利場，成為「一團亂麻」。同樣道理，在強有力的道德體系約束之下（如果再與政權體系配合），中國人確

實可以展現出人性中最為美好的一面，比如助人為樂、公而忘私等
等，這一點有不遠的歷史為證；可是，一旦這種道德體系崩潰，
「失去秩序」的中國人就會「無助地聽從他內心的衝動」，肆無忌
憚地展現出人性中最醜陋的一面，比如極端自私、見利忘義等等，
這一點也有不遠的歷史為證。過分強調道德的國度常常要在「修道
院」與「妓院」之間來回搖擺，前者象徵著苦修，後者象徵著物慾
橫流。這不能不說是一種悲劇。

明恩溥的中國研究

明恩溥（1845－1932）是一位美國傳教士，同時是著名的漢學家。他出生在美國康涅狄格州，原名為Arthur Henderson Smith，明恩溥是他的中文名字，也有人稱他為史密斯。他於1872年來到中國傳教，前後在中國居住五十多年。

傳教與中國鄉村研究

1872年，明恩溥在天津邊學習漢語邊傳教。當時，基督教勢力隨著中外不平等條約的陸續簽訂已經深入到中國內地，傳教士、教民和普通民眾之間的矛盾已經凸顯，中國民眾與教會之間因中西文化差異、土地糾紛等原因已發生過多起「教案」（如天津教案）。國人在骨子裏對基督教並不認同，加入基督教的教民有不少「二流子」，他們成了「吃教者」。這進一步敗壞了國人對基督教的觀感。因此，明恩溥最初在天津的傳教並不順利。

明恩溥顯然發現了這種情況。他認為，傳教士不能光憑著不平等條約的保護在中國活動，他們必須深入到中國廣大腹地，並獲得中國百姓的普遍認可才行。為此，明恩溥和他的新婚妻子經常深入到中國農村，與乞丐、苦力等中國底層民眾廣泛接觸，漸漸地，他們的傳教效果有了一些改觀。

更大的改觀源自於他在山東的賑災活動。1876年至1879年，山東、直隸、山西、陝西、河南五省發生了特大旱災。明恩溥前往山東賑災，他以山東省恩縣龐莊為中心，向附近150個村莊、四千餘

戶人家、約二萬二千人發放賑災款。這一善舉贏得了中國民眾的信任，當年，就有一百五十多人受洗入教。明恩溥說：「災荒結束之後，事情變得很明顯，我們進入了一個傳教嶄新時代。許多反對外國的偏見消失了或者被壓了下去。」很快，明恩溥所在的美國公理會就在恩縣設立了支堂13所，到1905年增加到38所。

明恩溥在傳教之餘還經常調查中國的風土民情，進行漢學研究。他以上海《字林西報》山東通訊員的身份撰寫了一系列關於中國問題的文章，這些文章在1892年結集出版，名為《中國人德行》。這也是他關於中國研究的最著名的作品。

此外，由於明恩溥對中國農村有過深入的觀察，他還在1899年寫出了專門研究中國的專著《中國鄉村生活》，在這本書中，他饒有趣味地寫到了中國鄉村生活的方方面面，中國人司空見慣的「鄉村名稱」、「鄉村水井」、「鄉村學堂」、「鄉村戲劇」、「鄉村婚禮和葬禮」等，在他的研究之下都顯示了獨特的文化意義。當然，他也沒忘了寫「鄉村新年」。

明恩溥首先描述是中國人過年吃餃子。他說：「中華帝國疆域遼闊，各地風俗差異很大，但很少有地方在春節時會不吃餃子或類似的食物，這食物就如同英格蘭耶誕節上的葡萄乾布丁，或是新英格蘭感恩節上的烤火雞和餡餅。」在明恩溥的觀察中，過年吃餃子是中國人「過年的第一要素」。因為他看到，「在食物上的代代節儉是中國人的顯著特點」，「中國大眾飲食總的說來比較簡單，甚至在家境較好的地主家中，也不會經常見到他們如此奢侈」。相比之下，春節吃餃子就顯得隆重異常，「在春節那天吃大餅而不是餃子，則公認為是比不過年還要糟糕的一件事情」。

吃餃子之外，明恩溥還發現春節團聚對中國人的特殊意義。他說：「就吸引力而言，西方任何一個節日都難以與中國的春節

相比」，「家庭聚會從理論上看是必需的，從實踐上看又是有用的」。他還觀察到，一些男性成員有時會外出，但春節的時候他們一定會回到老家，「他們能以一種類似野禽飛返牠的南方老巢一樣的本能回到長輩的住所」。明恩溥還幽默地寫道：「貓被禁錮在牢固的閣樓裏，鳥兒被打折了翅膀，魚兒被撈離了水面，所有這些都不會比中國人春節不能回家更不安和更不幸。倘若不能回家，那麼除了個人的心理挫折外，他肯定還會受到他應與之相守的家人以及老家所在村莊的鄰居的奚落。中國人畏懼奚落甚於擔心錯過一頓美餐，除非有極其意外和無法控制的情況發生，他們是不會在春節時離家的。」這樣的觀察和解讀，我們今天讀來不禁莞爾。

　　明恩溥還用了很多筆墨來描寫中國過年時的風俗，如祭灶、穿新衣、拜年、宴飲、打牌甚至賭博等，這些描寫對我們中國人來說並不陌生，可以略過不說。值得一說的是他對中國人過春節的評價，他稱中國的春節為「國假」——一段全國性的休假生活。他在文章中寫道：「如此勤勞的一個民族怎麼會有時間去進行這些宴飲和娛樂，尤其令人驚奇的是它們的持續性？」可是，考察之後，明恩溥並沒有就這個問題給出一個讓我們信服的說法，他最後只是籠統地說：「如果中國人沒有努力地工作過，他們就不可能盡情地享受這一長假；如果他們沒有盡情地享受這一長假，他們就不可能在餘下的日子裏好好工作。」

《中國人德行》　受到魯迅推崇的一本漢學著作

　　《中國鄉村生活》之外，明恩溥還寫了大量研究中國的著作，其中最有名的就是《中國人德行》（又譯作《中國人的氣質》）一書。在這部書中，明恩溥深入地剖析了中國人的「國民性」，既指

出了中國人勤勞、節儉、勇敢、堅韌等優點，同時也揭示了中國人愛面子、缺乏同情心、善於偽裝、因循守舊等缺點。在學術界，明恩溥對中國人國民性的研究一直很受重視，魯迅、潘光旦等都很看重他的《中國人德行》一書。魯迅先生生前看過日本人翻譯的這本書，書名為《支那人氣質》，魯迅看後就希望有人能把這本書譯成中文，去世之前，魯迅先生還說：「我至今還在希望有人翻出史密斯的《支那人氣質》來。看了這些，而自省，分析，明白哪幾點說的對，變革，掙扎，自做工夫，不求別人的原諒和稱讚……」

　　那麼，明恩溥的《中國人德行》一書到底說了些什麼？為什麼魯迅會如此推崇它呢？

　　2005年，由張夢陽、王麗娟合譯的這本《中國人德行》由新世界出版社出版。我仔細閱讀了這本書，深感魯迅所言不虛。首先，作為一個基督教傳教士，明恩溥能摒棄西方人慣有的文化優越感，比較客觀公正地分析中國人和中國文化，這一點難能可貴。明恩溥的《中國人德行》一書共27章，比較集中地分析了中國人的27個特點，這些特點有好的，也有壞的，還有亦好亦壞、隨時可以轉化的。對這些，明恩溥都不是武斷地下結論，而是小心翼翼地、抽絲剝繭地分析、論證。同時，由於處於「旁觀者清」的位置上，他對中國人的劣根性和中國問題的認識往往給人「一針見血」之感。比如他談中國人愛面子的特點——

　　對中國人來說，永遠不是事實問題，而總是形式問題。如果在適當的時候，以適當的方式講一番漂亮話，做戲的要求就滿足了。我們並不進入幕後，因為那樣將破壞這個世界上所有的好戲。在複雜的生活關係中，做出類似的戲劇行為就叫有「面子」。使他們失望，不理睬他們，打斷他們的戲，就是使他們失掉「面子」，一旦

正確領悟這個問題，就會發現「面子」正是打開中國人許多最重要
特性這把暗鎖的鑰匙。

　　……不同的是面子反覆無常，不受法律約束，它僅僅按照世故
常情廢除或更換。在這一點上，中國人和西洋人必須承認差異，他
們從來不能在同樣情況下對同一事物得出一致的觀點。

　　因為相信「『面子』是打開中國人許多最重要特性這把暗鎖
的鑰匙」，所以明恩溥就繼續觀察、追問。他發現，中國人注重禮
節，禮儀之繁瑣足以讓人眼花繚亂，可是這些繁瑣的禮節並不是為
了「表達誠意」，而是為了保全「面子」──因為失禮是一件沒面
子的事。「他執意生起你不想生的火，沏一杯你不想喝的茶，熏得
你滿眼是淚，嗆得你喉嚨像塞進難嚥的苦藥。但是，主人至少樹立
了一個印象，他知道怎樣禮遇客人。倘若客人不愉快，那只是客人
的不好。」待客不是為了讓客人舒服，而是為了保全自己的面子，
這在今天國人中間怕是依然存在吧。

　　追問下去，明恩溥認為中國人這種只求面子、不講實際的特
點是因為「欺瞞的才能」。西方人喜歡直接觸及問題的本質，怎麼
想就怎麼說，而中國人則喜歡迂迴，拐彎抹角，「借用別稱和委
婉來表達簡單的意思」。這勢必造成了「言」與「意」、「言」
與「行」的分離，長此以往，就造成了人與人之間缺乏信任，相互
「瞞」和「騙」。「上級指示下屬說，該採取某個步驟了。下屬會
尊敬地說，已經採取了。事實上，這期間什麼步驟也沒採取。在許
多情況下事情到此為止。但是，如果有一個部門不斷地施加壓力，
命令又緊急，那麼下屬就會把壓力轉嫁給更下一級的官員，並把責
任也轉嫁過去，直到這種壓力耗盡為止。」

　　上下級之間如此，官民之間也是如此。「那些各級官員不斷頒
佈的告示就是簡明的例子。這些告示粉飾功德，篇幅冗長，措詞精

巧，涉及各種各樣的問題，唯一缺乏的東西就是實際內容，因為這些美妙的命令本來就沒打算實施。這一點，有關各方面都很清楚，從未有人產生過誤解。」

一面上下級之間互相「瞞」和「騙」，一面也對老百姓「瞞」和「騙」，如此一來，中國政府還哪有誠信可言呢？所以，明恩溥在那時就看到了中國的誠信危機，他寫道——

> 作為一個整體，統治階層在帝國中不是最優秀的份子，而是最腐敗的壞蛋。一位聰明的道臺對一位外國人說過：「帝國的所有官員都是惡人，都應該殺掉，但是殺了我們是無用的，因為下一任會跟我們一樣壞。」像中國一句箴言所說的，蛇知道自己的洞在哪兒。一個意味深長的事實是，中國的官僚階層並不為下一個階層——商人階層所信任。他們清楚，所謂的「改革」不過是表面的外殼，不久就會脫落。一位中國泥瓦匠，用沒有和好的灰泥砌起煙囪和房子，花大量時間把煙囪表面和房頂上的灰泥抹平，然而他非常清楚，第一次生火，煙囪就會四處冒煙；第一次下雨，房頂就會漏水，這是中國許多事情的一個樣板。

不要以為明恩溥在《中國人德行》中光挖掘中國人的劣根，他也客觀地談到了中國人的美德，比如勤勞，「所有國家的農民都勤於勞作，但是中國農民的勤勞卻是其他民族無法相比的」。再比如堅韌，「中國人這種舉世無雙的忍耐力肯定應該承擔崇高的使命，絕不只是忍受日常生活的苦難和活活餓死的厄運……如果歷史的教義是適者生存的話，那麼一個民族具有這種天賦的忍耐力，又有卓

越的生命力做後盾，它必將有偉大的前途」。還有，他即便是在談中國人總體上「缺乏公共精神」的時候，也還是滿懷深情地寫出例外的情形——

> 當人們必須站起來反抗統治者的壓迫和苛捐雜稅時，總有一些人帶領大家反抗，迫使政府妥協讓步。事後，無論政府如何處理「愚蠢的」大眾，帶頭的人都要為公正結果付出自己的頭顱。為事業冒風險、甚至丟掉性命是公共精神的最高體現。
> 中國歷史上的動亂年代，尤其是改朝換代時，忠誠勇敢的人往往挺身於危難中，義無反顧地獻身於他們崇仰的事業。這些人不只是真正的愛國主義者，也無可辯駁地證明了中國人在具有公共精神的領導人帶領下，可以表現出最無畏的英勇氣概。

通過上面的分析，我們就不難理解魯迅先生對明恩溥的推崇。明恩溥關於中國人某些缺點的深刻分析恰好契合魯迅先生關於國人劣根性的挖掘，而他對中國某些「忠誠勇敢」人物的褒獎，又恰恰暗合魯迅先生有關「中國的脊樑」的論斷。

建議美國用庚子賠款創建清華大學

漢學研究之外，明恩溥還為中國做了一件大好事，那就是促成了美國用庚子賠款在中國創辦清華大學。

義和團運動爆發之時，明恩溥在山東龐莊的教堂被毀，傳教事業被中斷。義和團運動之後，清廷向八國聯軍賠款講和。經此事變，明恩溥越加認識到「贏得中國人的善意」的重要性。1906年，

明恩溥返回美國進行募捐，當時的美國總統希歐多爾‧羅斯福邀請他在白宮共進午餐，向其諮詢有關中國的問題。明恩溥趁機向總統建議：美國退還庚子賠款給中國，用以創辦中國的教育事業。他的解釋是：「我們對中國負有很大的責任，我們應當全部退還這筆賠款，把它用於中國的教育事業，以防止類似的暴亂（指義和團運動）在將來再次發生。」

希歐多爾‧羅斯福總統聽後覺得明恩溥的建議「是個好主意」，於是兩人在白宮研究至深夜。

當時，清廷已經開始實行「新政」，在北京設立京師大學堂，各省也開辦西式學堂，增設西學科目。同時，還出現了一股「留學熱」，大批學生去日本和歐洲留學。但是，美國因有移民立法的限制，中國留學生極少去美國。美國的一部分有識之士認識到，限制中國學生去美國留學會造成中美之間的隔閡，不符合「贏得中國人的善意」的宗旨。恰好，1906年年初，美國伊利諾大學校長愛德蒙‧詹姆士也向美國總統希歐多爾‧羅斯福呈送了一份要求美國加速吸引中國留學生的「備忘錄」。這份「備忘錄」稱：「這種道義上的影響擴展，即使單純從物質概念而言，意味著所付出的代價在回收時將比用任何方式獲利更大。商業追隨在道義和精神的支持之後，要遠比追隨在旗艦之後更合乎情理。」

詹姆士的「備忘錄」和明恩溥的建議促使希歐多爾‧羅斯福總統向美國國會提出了退還庚子賠款的諮文。諮文稱：「我國宜實力援助中國廣行教育，使此巨數之國民能以漸融於近世之境地。援助之法，宜招導學生來美，入我大學及其他高等學社，使修業成器，偉然成才，諒我教育界必能體此美意，同力合德，贊助國家成斯盛舉。」

　　1908年5月25日，美國國會通過了總統諮文，同年7月11日，美國駐華公使柔克義向中國政府正式聲明，將償付美國庚子賠款的半數（計1160萬美元）退還中國，作為遣送留學生赴美之用。同時，在北京開設一所預備學校，由美國派員監督庚子賠款的使用和辦學標準，這所學校就是清華學堂，後更名為清華大學。到了1924年，美國又以其餘庚子賠款作為基金，成立了「中國教育文化基金董事會」，幫助文化團體發展各項事業。

　　在得知退還庚子賠款計畫得到總統贊同之後，明恩溥抓緊時間寫作實施方案，並結合美國當時的輿論，寫成了《今日的中國與美國》一書。這本書的核心理念就是美國要「大量地、滿意地贏得中國人的善意」。對於在華傳教事業，明恩溥認為傳教士的職責「不僅是招收個別的信徒，而是介紹一種新的道德和精神」。作為一位有遠見的漢學家，他還看到了中美兩國人民在精神氣質上的互補，他說：「假若美國人的挺進能補上中國人的忍讓，美國人的易變能補上中國人的專心，美國人的活力能補上中國人的耐力，這豈不更妙？」這樣的建議和論斷，即便在今天看來亦屬先見之明。

第三輯

西學與東方

李提摩太：親歷晚清四十五年

　　李提摩太（1845－1919）是英國浸禮會傳教士，他出生在英國南威爾士卡馬登郡的一個小山村，父親是一個小農場主。20歲的時候，李提摩太考入哈弗福特神學院攻讀神學，1869年春，他自神學院畢業，成為浸禮會的牧師，1870年受英國浸禮會派遣來到中國。此後45年，他一直在中國度過。李提摩太在中國的45年，正是晚清社會經歷巨變的時代，洋務運動、維新變法、義和團運動、辛亥革命等重大政治事件接二連三地發生。李提摩太喜歡介入中國政治，因此，他在華期間就不僅僅是一位傳教士，同時還是賑災專家、新式教育的創建者、達官貴人的座上賓、維新派的幕後師爺、孫中山革命黨的反對派等等，他結交權貴，聯絡士紳，顧問洋務，鼓吹變法，調停外交，抨擊革命，在不同政治勢力之間縱橫捭闔，成為清末大變局中的一位風雲人物，他個人的經歷可以說幾乎就是一部中國近代史的縮影。

傳教與賑災

　　1870年2月，當李提摩太到達山東煙臺的時候，英國浸禮會派往該地的八8名傳教士就只剩下一個人了，其餘的不是病死就是回到了英國。

　　剩下的這位浸禮會傳教士叫勞頓，盼到教會派來了新同伴，這位頑強的堅守者自然十分高興，可是，就在接待完李提摩太之後4個月，他也撒手人寰了。英國浸禮會在山東煙臺仍然只有一人堅守。

好在山東煙臺還有其他差會的傳教士，如蘇格蘭聖經會的傳教士韋廉臣、美國長老會的傳教士狄考文、倪維思等。這幾個人都非常有名，韋廉臣後來是廣學會的創辦人，狄考文後來是文會館的校長，倪維思則成功地培育出了著名的煙臺蘋果。同是到中國傳播福音的傳教士，李提摩太與這幾位很自然地成了朋友。

李提摩太最開始的傳教活動是在煙臺挨家挨戶地散發福音書，並在街頭佈道。但他的這種傳教活動收效甚微，人們即便被吸引到了教堂裏，也不是為了聽其佈道，而是為了看熱鬧——看看洋人的怪樣子，聽聽他們並不嫻熟的中國話。慢慢地，李提摩太開始改變策略，他開始了「尋找上等人」的計畫。他說：「我開始了『尋找上等人』的計畫，因為我發現他們有良好的土壤可以撒種。」他所說的「上等人」是指有文化、有地位的官員和讀書人。他認為，只有這些中國的上等人接受了基督教，整個中國才會接受「福音」。為了接觸和影響中國的「上等人」，李提摩太開始學習中國儒家典籍，瞭解中國儒家、道家和佛家的思想體系，並利用各種機會與地方官員和士紳接觸。

1876年9月，李鴻章到煙臺與英國政府代表威妥瑪簽訂《煙臺條約》，其間，李的一個部下患了痢疾，李提摩太趁機送去了一些藥品。從此開始了他與李鴻章的交往。

1874年，李提摩太把浸禮會的傳教地點遷往青州，青州當時是山東的一個宗教中心，有許多伊斯蘭教徒和佛教徒，李提摩太打算在這裏建立傳教點，以發展更多的信徒。

就在李提摩太為發展不到足夠多的信徒而苦惱之際，中國華北地區發生了罕見的大旱災。在1876年至1879年間，山東、直隸、山西、陝西、河南五省發生了特大旱災，土地大片龜裂，寸草不生，

樹皮全部被剝光，大批饑民向東北和南方逃亡。據估計，此次華北旱災至少餓死一千萬人。

李提摩太所在的青州災情特別嚴重。1877年2月，李提摩太給英國浸禮會差會所寫的報告中稱：「去年夏天，廣大群眾的呼聲是雨、雨，而現在則是求生了。玉米都已吃光，他們現在吃的是玉米殼、番薯莖、榆樹皮、蕎麥稈、蕪青葉和草籽。這些草籽是從地裏採集的，把塵土篩淨。當這些東西都吃光後，他們把房屋拆掉，把木材賣掉。據報，到處都有許多人在吃屋頂上已經腐爛的高粱稈。那種曬乾的葉子是用來做燃料的，無疑他們都在吃那種乾葉子。千百萬人在吃它，另有千百萬人因吃不到它而死去。他們在賣衣服，賣孩子。」李提摩太估計，僅青州府農村的死亡率就高達90%，餓死的人已有50萬。

清朝責成山東巡撫丁寶楨主持賑災工作，劃撥給青州賑災款43003兩白銀，丁寶楨也在地方設法募集賑災款，但是，由於交通不便，加上各級官僚作風腐敗，賑災的效果並不理想。

李提摩太反倒在這場災難中有突出的表現。他深入災區調查情況，同時參與救濟工作。李提摩太在上海《北華捷報》上撰文，呼籲口岸的外國團體賑災捐款。相對於清朝官僚，教會組織顯然對賑災更在行。很快，由傳教士和外國商人組成的山東賑災委員會宣告成立，大批救災款（前後共有三萬三千多兩白銀）匯到了李提摩太名下。

當時中國民間也有很多賑災行動，青州府的一個糧店老闆開倉濟貧，結果上萬災民擁擠，活生生地把一個小女孩給擠死了。為防止類似事件發生，官府乾脆貼出告示，禁止私人救災（官僚們總是善於幹因噎廢食的事）。面對這種情況，李提摩太又用什麼辦法將救濟金分發到災民手中呢？他想出了一個辦法。他在回憶錄中寫道：「我站在城裏最貧困地區的一條狹窄小巷的盡頭，讓災民被迫

第三輯

排長隊從我身邊走過，每有一個人領到救濟金，我就在他那髒兮兮的手上，用墨水塗一個不易除掉的標記，可惜仍然有些人洗掉了標記，重新排到隊尾。李提摩太說，但那雙乾淨的手出賣了他們，我們只向那些依舊髒兮兮的手上發救濟。」

後來，李提摩太又想出了更好的辦法，那就是讓災民都坐在空曠的打穀場上，他告訴災民，大家只要安靜地坐著，每個人就能得到一份救濟金。

這個做法顯然更科學，因為坐著的人們再也不會發生踩踏事件。李提摩太回憶道：「人們是那樣安靜，就像參加一場宗教儀式。」衙門裏的官員們也對這種不可思議的安靜感到非常驚奇。

在山東賑災的出色表現對李提摩太的傳教工作幫助甚大。李提摩太自己說：「因為我在災民中發放賑災款，這對於廣大民眾是一個可以使他們信服的證據，證明我所傳的宗教是好的。」很快，就有大批民眾加入了基督教，僅1877年山東地區就有二千多人成了李提摩太的教徒。

李提摩太在山東的賑災持續到1877年的11月份，他在給浸禮會差會的報告中說，他在山東至少救助了7萬災民。

在山東賑災之後，李提摩太又帶著李鴻章發給他的通行證前往山西。到了1877年，山西的災情超過了山東。李提摩太到山西後見到了山西巡撫曾國荃，他提了3條建議，一條是緊急疏散難民到關外，就是叫他們討生活去。第二，建議修鐵路。第三，以御旨的形式號召各地募捐。

雖然曾國荃沒有完全接受這些建議，但李提摩太還是通過上海外僑集會組織了中國賑災基金委員會，此外，李提摩太還通過英國駐華公使威妥瑪和坎特伯雷主教說服倫敦市長，在倫敦設立了一個

救災捐助基金會，從英國募集資金6萬英鎊（折合白銀20萬兩），全部用於山西賑災。

「人弘道，非道弘人」，中國的這句古話用在李提摩太的身上非常適合。基督教講博愛，說上帝愛世人，這沒有錯。但問題是，如果傳教士僅僅將「博愛」停留在口頭上，僅僅是在佈道時向人們說一說，有著文化差異的中國人是不太願意接受基督教的。可是，在災難面前，李提摩太挺身而出，通過實際行動讓人們看到了什麼叫「博愛」，這就遠比單純的口頭佈道有效得多。通過在山東、山西組織賑災，很多中國人認識了李提摩太這位「洋菩薩」。李提摩太當然也有收穫，除了招收到大量信徒，他還在賑災中得到了地方官僚和士紳們的高度認可。這為其日後在中國的活動打下了基礎，用時髦的話說就是，他此時已經擁有了良好的聲望和相當的「人脈資源」了。

在中國這個大舞臺上，他的使命已經不是單純的傳教了，等待他做的事情還有很多，很多。

傳播西學與結交權貴

到山西賑災後，李提摩太的傳教中心也從山東轉移到了山西。鑒於當時中國人普遍缺乏現代科技知識，李提摩太選擇了一條通過介紹西學來輔助傳教的道路。他花了一千英鎊購買科技書籍及科學儀器，進行自修，然後定期向中國官紳、知識階層宣講「西學」，內容包括哥白尼日心說、蒸汽機的原理、電學知識等等。李提摩太的想法是：既然中國人已經開始對現代科學產生了學習興趣，那麼傳教士就應該傳播西學，「以學輔教」。

在近代來華傳教士中間，一直有兩派傳教路線，一派是自由派，一派是基要派。自由派傳教士認為，中國人學習西方先進科技的

潮流不可遏制,傳教士理應肩負起向中國傳播西學的使命。如果傳教士不做中國人的科學教師,那麼中國人日後會用科學來反對基督教,「科學不成為宗教的婢女,就會成為宗教的敵人」。況且,科學技術對改善中國民眾的生活,幫助他們解脫「赤貧之境」確實大有裨益。傳教士不能僅僅向信徒許諾死後的天堂,現在就應該盡力改善信徒的生活,這樣,信徒們才能更好地相信基督教,基督教才能為民眾普遍接受。而基要派則認為,科學對中國人來說確實很重要,但宣傳西學、傳播科技的工作應該由別人來做而不是傳教士。傳教士最應該做的還是傳播福音,如果過多地傳播西學,勢必影響甚至削弱傳播福音的工作,這是得不償失的。就傳播方式而言,自由派主張「以學輔教」,而基要派主張直接傳播基督教;就傳教所側重的人群而言,自由派側重向中國上層傳教,認為這樣收效大,而基要派則深入基層,積極地向底層民眾傳教,理由是他們更需要拯救。基要派的代表人物是英國傳教士、基督教中華內地會的創始人戴德生,而自由派的代表人物就是李提摩太(還包括林樂知、狄考文等)。

在傳播西方科技的同時,李提摩太還不失時機地晉見各級官吏,向他們講解世界地理、宣傳變法主張,勸其建鐵路、開礦藏、以養民富國。作為自由派傳教士的代表人物,李提摩太的傳教策略是:「首教官員,次教富紳、三教儒士、四教平民。」也許正是因為這個原因,他在華45年,幾乎結交了當時所有的文化名流和朝廷大員,李鴻章、張之洞、左宗棠、曾國荃、曾紀澤、康有為、梁啟超、孫中山……這些中國近代史上叱咤風雲的人物全與李提摩太有過交往。他對李鴻章、張之洞等洋務派提出過具體建議,也給康有為、梁啟超等維新派做過「洋參謀」,協助他們謀劃變法,還對孫中山的革命行動提出過規勸。總之,李提摩太在傳教士之外,對中國的社會介入很深。因為他在山西賑災及後來創辦山西大學堂過程

中的出色表現，慈禧太后還賜予他頭品頂戴，使他著實成了「洋大人」。當然，這是後話，先按下不表。

在山西傳教期間，李提摩太曾於1882年向時任山西巡撫的張之洞寫過有關築路、開礦、通商的建議書，張之洞看後，非常希望他放棄傳教，出任政府顧問，以便更好地實施他的變革主張。

李提摩太拒絕了張之洞的邀請，他說：「我雖然知道這些改革的價值，但我不是一個專家。要順利實施各種改革，需要一批各方面的專家。」同時他也表示，自己不會離開傳教士的崗位。不過，此後的1884年，他又向官方遞交了一份關於山西改革的〈富晉新規〉的建議書，依然以傳教士的身份參政議政。

除了向地方政府建言，李提摩太還試圖說服清廷接受他的改革計畫。1884年，他前往北京，與英國駐華公使巴夏里、總稅務司赫德交換對中國變革的計畫，商談之後，李提摩太通過赫德向清廷提出了六項建議：「一、以一名中國親王為首，由若干著名政治家如李鴻章、左宗棠、曾國荃為輔，組成一個代表團出國考察別國情形。二、由若干名帝國著名學者組成一個代表團，出國考察世界各國的教育制度，回國後提出考察報告。三、由若干最聰明和最虔誠的人士組成一個代表團，出國考察世界各國的宗教狀況。四、組成一個工業代表團，出國考察別國的工業狀況，回國提交考察報告。五、組成一個交通代表團，出國考察別國的各種交通工具狀況。六、在北京設立一個聯絡局，將以後所獲得報告的內容通報各省以供學習。」

李提摩太的建議當時並沒有被清廷採納，直到1905年，清廷才派大臣出國考察立憲政治，到1911年才成立了一個責任內閣，而這個內閣中，漢人僅有4人，滿族8人，蒙古族1人，而8名滿人中皇族又有5人，這便是臭名卓著的「皇族內閣」。清廷沒有及時地啟動政治體制改革，這是其最後滅亡的一個重要原因，若當時就聽取李

第三輯

提摩太的建議，在洋務運動期間就考察世界各國政治，啟動國內的
政治體制改革，中國近代的歷史可能就是另外一個面貌了。

《中國時報》主筆與廣學會督辦

　　1890年7月，李提摩太接到直隸總督兼北洋通商事務大臣李鴻
章的邀請，到天津擔任《中國時報》主筆。對於李鴻章的這次邀
請，李提摩太十分高興，他在回憶中說：「我立刻接受了這一工
作，這項任命可以說是天賜良機。」原因就是他可以借助報紙這個
平臺來向中國宣傳他的變革主張。

　　上任伊始，李提摩太就寫了一篇文章，呼籲中國必須改革，他
還多次發表社論，介紹日本明治維新成功的經驗。他在擔任《中國
時報》主筆的一年期間，共寫出了二百多篇社論，這些社論後來彙
編成書，名為《時事新論》，後由廣學會出版。在天津，李提摩太
穿著中式的服裝，吃著中國菜，儘量縮減個人的開支，以便購買更
多的先進科學儀器，望遠鏡、顯微鏡、化學電池、手動發電機。他
認為這些東西可以實實在在地影響中國人的世界觀。

　　李提摩太關於中國變革的一系列主張深得清朝總稅務司英國人
赫德的欣賞，於是，在擔任《中國時報》主筆一年後，赫德推薦他
出任廣學會督辦。

　　廣學會（初名同文書會）於1887年11月1日在上海成立，是基
督教（新教）傳教士在中國設立的最大出版機構，創辦人是英國
長老會傳教士韋廉臣。1888年，廣學會成立董事會，推舉赫德為會
長，韋廉臣為督辦。韋廉臣任督辦不到三年就因病去世了。赫德於
是選中李提摩太來接替韋廉臣的位子。李提摩太辭去天津《中國時
報》主筆的職務，於1891年赴上海走馬上任。

　　李提摩太任廣學會督辦後，擴充會務，增設書局，逐漸增加出版有關鼓吹變法的書籍，並加強傳教士與中國上層社會的聯繫。他提出，廣學會要「從宗教的小圈子裏走出去，去影響中國知識界的發展，影響中國政治的進程」。他還說，傳教士要把中國的上層人「作為我們的學生」，「我們將把對中國最重要的知識系統地教給他們，直到他們懂得為他們苦難的國家採用最好的辦法時方止」。這樣的口號，實際上已經超越了傳教的層面，而是進入了基督徒履行文化使命的範疇。

　　李提摩太主持廣學會長達25年之久，其間出版了《萬國公報》等十幾種報刊、二千種書籍和數不清的小冊子，成為當時中國規模較大的出版機構之一。他還在北京、瀋陽、天津、西安、南京、煙臺等地開設了自己的書刊發售點，經常免費贈送書刊。當時地方上的知識份子，每到發報前期，都在數算新一期的《萬國公報》還有幾天能郵寄給自己。

　　通過譯介西學，出版報刊、圖書，李提摩太影響了許多官員和大批知識份子。張之洞從武昌發電報購買報刊和圖書，他還向廣學會捐資白銀一千兩。1894年，李提摩太把以前在《中國時報》上發表的文章以《時事新論》為書名集結出版，李鴻章和曾紀澤以〈西學的重要性〉為題目作序，並發表在廣學會的報刊上，由此可見廣學會對中國官員的影響。

李提摩太在維新變法中

　　廣學會出版的刊物不僅介紹了西方的科技，還介紹了大量西方的政治思想。此時，以學習西方軍事為目標的洋務運動，已經進行了二十多年，但帝國仍然危機四伏。1895年中日甲午海戰之後，中

國知識份子如饑似渴地尋找救國之路，君主立憲、國會、民權等新詞彙如電擊一樣擊中了中國知識界，維新派人物康有為、梁啟超等開始登上歷史舞臺，企圖通過變法維新來改善中國的面貌。

李提摩太任廣學會督辦期間，正好趕上康梁維新運動。李提摩太關於中國變革的一系列主張深深地啟發、影響了康有為、梁啟超等維新派人士，這些維新人士將李提摩太奉為精神領袖。康有為、梁啟超都是《萬國公報》的忠實讀者，康有為曾向香港《中國郵報》的記者說：「我信仰維新，主要歸功於兩位傳教士，李提摩太牧師和林樂知牧師的著作。」

維新運動搞得如火如荼之際，許多維新人士都與李提摩太有來往，梁啟超還曾為李提摩太做過一段私人秘書。李提摩太也以維新派的老師自居。維新派的絕大部分改革方案都吸收了他的建議，李提摩太在看過康有為的變法計畫後，給妻子寫信說：「幾乎我以前所做的種種建議，全部概括和凝聚在他那份具體而微的計畫中了。」可見，李提摩太對維新派思想影響之深。

李提摩太還帶著李佳白、白禮仁等傳教士與維新派人士一起聚會吃飯，「討論改革的計畫和辦法」。當維新派在北京成立強學會時，李提摩太和李佳白等傳教士也加入其中，獻計獻策。

光緒皇帝也深受李提摩太的影響，1898年，戊戌變法開始後，他決定聘請李提摩太擔任私人顧問，幫助決策維新。光緒的老師孫家鼐在1898年接見李提摩太時說，光緒皇帝已經安排在9月23日接見李提摩太。可是在9月21日，慈禧太后發動了宮廷政變，軟禁了光緒皇帝，並下令逮捕維新派領袖，這次預定的光緒皇帝接見李提摩太的活動也隨之夭折。

戊戌政變發生後的第三天，李提摩太在他的寓所舉行秘密會議，梁啟超、譚嗣同等出席，大家商討如何援救光緒皇帝。最後決定

分頭籲請各國駐華公使出面，由梁啟超去見日本公使，容閎去見美國公使，李提摩太去見英國公使。但是，各國公使在沒有獲得本國的指示前不敢有所表示。梁啟超後來搭乘日本輪船逃亡日本，容閎也逃出了北京，李提摩太力勸英國公使竇納樂出面保護光緒皇帝和維新派領袖，也遭到了拒絕。竇納樂譏諷李提摩太「多管閒事」，李提摩太則批評竇納樂不瞭解中國國情，不配做公使，兩個人不歡而散。

創辦山西大學堂

　　戊戌變法失敗後，李提摩太繼續在中國從事著述和傳教工作。1900年，義和團運動爆發，不少外國傳教士受到了衝擊。由於山西巡撫毓賢支持義和團，山西成了「重災區」，有159名西方傳教士和大量的中國教徒成了義和團的刀下之鬼。八國聯軍與清朝談判，要求嚴懲縱容義和團的地方官員，山西巡撫毓賢被處死，岑春煊接任山西巡撫。這個時候，岑春煊又想起了李提摩太，給他發電報，請他到山西辦理「教案善後事宜」。

　　李提摩太草擬了一份《辦理山西教案章程》，先呈送給北京的李鴻章過目，李鴻章全部同意，並電令岑春煊全部照辦。在這個處理山西教案的章程裏，李提摩太除了提出懲辦兇手、賠償教會財產損失、道歉、為死難者立碑等常規事項外，李提摩太還特別提出，利用「庚子賠款」的一部分來在山西辦新式學堂，具體辦法是：「共罰全省（山西）銀五十萬兩，每年繳款五萬兩，十年為期。此款不歸西人，亦不歸教徒，專為開導山西人民知識，設立學堂，教導有用之學，使官紳庶子弟學習，不再迷惑，選中西有學問者各一人，總管其事。」

　　李提摩太為什麼要提出在山西辦學堂呢？他認為，中國之所以會爆發義和團運動，殺害傳教士和教徒，主要就是因為中國人的思想觀念還比較封閉，心智還沒有開放。而對治愚昧的最好辦法就是教育，辦好教育，中國人自會與盲目排外的思想告別。

　　創辦山西大學堂的協議很快就簽署了，協議中規定，新大學的課程、基金由李提摩太管理10年，10年後學校的管理權移交山西當地政府。這個協議引起了很大非議，中國士紳們認為，這是將中國的教育權拱手相送，而教會也對這所學校的建立持保留態度。他們認為，李提摩太沒有辦教會大學，而是為中國的一個省辦了一所大學。這顯然與教會的期許不符。

　　但不管怎樣說，山西大學堂還是建起來了。當時，山西巡撫岑春煊已經在1901年創辦了一所中式大學堂，現在，李提摩太又創辦了一所西式大學堂。經過兩所學堂的師生投票，李提摩太辦的西式學堂與岑春煊的中式學堂合併，成立了山西大學。山西大學日後為山西培養了一批現代化人才。後來，山西在閻錫山統治時期建成了「模範省」，這一成績的取得當然與閻錫山密不可分，但也與山西大學為山西培養了大量人才有關。

　　1910年，按照協議規定，李提摩太將山西大學移交給山西政府。

　　在戊戌變法期間，李提摩太曾被慈禧太后視為維新派的幫兇。可是義和團運動之後，慈禧太后痛定思痛，重新撿起了維新派的政治改革之路，啟動了「清末新政」。這個時候，李提摩太因為創辦山西大學，加之此前在北方的賑災工作，被清廷賜了頭品的頂戴，他成了名副其實的「洋大人」。

李提摩太與孫中山的交往及晚年之思

　　李提摩太與孫中山的第一次會面是在1896年。這年10月11日，孫中山在英國倫敦被清駐英使館誘捕，後在英國友人康得黎的援救下脫險。當時，李提摩太正好回英國度假，聽到孫中山獲釋後，他立即去拜訪。孫中山曾在1894年10月在廣學會創辦的《萬國公報》上發表〈上李傅相〉一文，這是一篇給李鴻章的改良建議書。李提摩太對此早有所知，他這次見到孫中山時舊事重提，希望孫中山還是走改良的道路，參與康有為、梁啟超等人領導的維新運動。可在孫中山看來，他給李鴻章的建議書沒有收到答覆，自己也沒被李鴻章召見，這足以說明清廷沒有改良誠意，「知和平之法無可復施，然望治之心愈堅，要求之念愈切」，於是才於1894年11月在檀香山組織了興中會，走上了革命的道路。

　　李提摩太與孫中山的第二次會面是在1900年。這年6月，李提摩太在日本橫濱拜會了孫中山，當時孫中山正集中全力倡導革命以推翻清廷。李提摩太再次勸孫中山不要革命，他說，真正的變革，只會來自於精神和智慧的提高，不會來自於武力，拔劍者必死於劍下。他的勸說依然沒有奏效。

　　就在李提摩太把山西大學交給山西政府的次年，孫中山領導的辛亥革命成功了，清朝被推翻了。

　　可是，辛亥革命後的中國依然是一片混亂。1913年，李提摩太在北京對梁啟超說，中國的很多人都是憑著一知半解而奮鬥，他們不能用最高級別的服務去贏得同胞的信任。李提摩太又一次提到了教育，他認為搞好基礎教育才是拯救一個民族的關鍵。

　　1916年，李提摩太因患腸道疾病辭去了上海廣學會督辦一職，回到英國養病。在提交給廣學會的最後一份年度報告中，李提摩太

寫道：「多年前，我感到中國的基礎教育缺少四種東西。一是缺少真正的科學。二是缺少真正的歷史。三是缺少真正的經濟學。四是缺少真正的宗教。廣學會來到中國，就是想幫助中國改善這些。」這大概代表著他對中國社會最深切的認識。

今天，我們重新審視歷史和現實，不能不說李提摩太對中國的認識確有獨到之處。回顧近代歷史上幾次關於教育的對話，我們對這個問題或許就會有更深切的痛楚和感慨。

在1887年，李提摩太曾向李鴻章建議進行教育改革，為此，清朝每年要在教育上投入100萬兩白銀。對於李提摩太的這個建議，李鴻章的答覆是，中國政府承擔不了這麼大一筆開銷。

李提摩太說：「那是『種子錢』，必將帶來百倍的收益。」

李鴻章問：「什麼時候能見成效？」

李提摩太回答：「需要20年才能看到實施現代教育所帶來的好處。」

李鴻章說：「我們等不了那麼長的時間。」

與此雷同的場面，歷史不斷地重演。在1898年，近代改革家王照對康有為說：「我看只有盡力多立學堂，漸漸擴充，風氣一天一天改變，才能實行一切新政。」

康有為說：「列強瓜分就在眼前，你這條道如何來得及？」

在1905年，嚴復與孫中山在倫敦會面，嚴復表示中國的根本問題在於教育，革命非當務之急。他說：「中國民品之劣，民智之卑，即有改革，害之除於甲者將見於乙，泯於丙者將發之於丁。為今之計，唯急從教育上著手，庶幾逐漸更新乎！」

孫中山反駁說：「俟河之清，人壽幾何？君為思想家，鄙人乃實行家也。」

　　這三次對話實在意味深長。或許，近代中國的諸多悲劇就蘊藏於此。「百年大計，教育為本」，教育的重要性誰都否認不了，可是，就因為辦教育見效慢，所以李鴻章、康有為、孫中山等叱咤風雲的政治人物都不肯在教育的問題上下大力氣。他們總想通過政治謀劃，快速地完成社會改造。可是，由於沒有充分的教育來為社會變革提供足夠的思想支援和智力保障，他們的每一次政治謀劃都沒有達到預期的效果。

　　他們不願意耐心經營、慢慢等待，總想爭取時間，反而浪費了機會。中國人也因此變得一波比一波焦躁，一茬比一茬激烈。中國社會一次又一次地在時不我待的時間焦慮中迎來變革，又一次又一次地在動盪不安中接受心理煎熬並喪失發展機遇。一百多年前，就有先賢一再建議下大力氣辦好教育，可是，直到今天，中國的教育還是備受詬病，這怎能不讓人唏噓不已？

　　1919年，李提摩太感到他的身體有些好轉，決定重返中國。他和妻子在1919年初就預訂了9月份來中國的船票。但在4月份，李提摩太舊病復發，不治身亡，享年73歲。

　　在李提摩太的英國故鄉，很多人不認識他，他對自己的故鄉也所知有限。但是李提摩太在中國生活了整整45年，經歷甚至參與了晚清中國的歷次政治變革，他對中國問題發表過很多看法，他在中國有過許多顯赫的朋友。他在中國這塊古老的土地上揮灑過汗水和智慧，中國人應該記住他——他是傳教士深刻影響近代中國的一個典型代表。

第三輯

丁韙良的中國傳奇

　　在近代來華傳教士中，美國著名傳教士丁韙良（1827－1916）是絕對不能遺漏的一個人物。其一，他在中國生活了62年，親歷了中國近代的諸多歷史事件；其二，在傳教之外，他多年從事教育工作，他在寧波創辦的學校，就是今天浙江大學的前身，他在北京擔任總教習的京師大學堂，就是今天北大的前身，他是中國近代教育史上的一位重要人物；其三，丁韙良一生著述頗多，計中文譯著42部，英文著述8部，他翻譯的《萬國公法》是中國人最早讀到的一本國際法著作，在中國近代外交關係史上有著深遠的意義。

　　關於丁韙良，我們不妨先從兩個細節入手——

　　1850年4月的一天，美國長老會傳教士丁韙良在中國廣州上岸。上岸時，一大群人圍著他喊：「番鬼，番鬼！殺頭，殺頭！」這樣的歡迎方式讓丁韙良很不爽，他當時就想：「這就是中國人喜歡誇耀的文明嗎？難道我們背井離鄉就是為了這些人？」不過他隨後就轉變了觀念：「假如他們不是異教徒的話，我為什麼要來呢？」

　　1898年，當中國的第一所大學——京師大學堂（今北京大學前身）成立時，丁韙良被光緒皇帝任命為首任總教習（即校長），授二品官銜。開學之際，他當著全體中外來賓的面，向中國聖人孔子的畫像鞠躬致意。這一舉動自然讓中國人心生好感，但卻讓一些傳教士視為「叛徒」。

　　不管怎麼說，此時的丁韙良已經很好地融入了中國。從中國普通百姓對其最初的辱罵到光緒皇帝為其授二品銜，這位美國傳教士用48年的時光完成自己的人生傳奇。

48年間，他都做了些什麼呢？這得慢慢說起。

從給寧波方言注音標到翻譯《萬國公法》

　　丁韙良於1827年出生於美國印第安那州的一個牧師家庭，父親就是長老會的傳教士。丁韙良的大姐在1834年就隨丈夫到非洲傳教，回國後向家人講述在非洲的冒險和傳教故事，這讓幼小的丁韙良很神往。1849年，丁韙良在新阿爾巴尼神學院畢業前就向長老會提出申請，要求到中國或日本去傳教。申請得到了批准，他於1850年來到中國。

　　到達中國之後，丁韙良到寧波傳教。在那裏，他開始學習中文。來中國之前，丁韙良已掌握了英語、法語、德語、拉丁語、希臘語和希伯來語，他自認為自己很有語言天賦，但中文那古怪的發音還是讓他望而卻步。他找當地人教寧波話，可是，當地人不懂英語，他不懂中國話，所以兩個人很難交流，後來教他的老師想出一個辦法，就是用實物來教學。那個老師先說「黃狗，黃狗」，丁韙良聽不懂，老師就到門外面牽一隻黃狗，然後學著狗叫，汪汪汪叫幾聲，然後再說「黃狗，黃狗」。

　　有感於中文之難學，丁韙良想到了注音標的方法。他把拉丁文的字母稍加變通，創立了一套音標。這樣他就能重複中文老師的發音了。隨後他又突發奇想，何不用此方法教中國人認字呢？於是，丁韙良和其他傳教人員一起組織了一個社團，宗旨是編纂一種用於書寫「寧波話」的拼音系統。他想，音標可以幫助那些孩子和老人們識字。識字之後，他們就可以閱讀《聖經》了。

　　丁韙良在寧波辦了一所小學來試驗這套拼音系統，但他很快就失望了。中國窮人走進他的課堂，只是為了認字和記賬。他們只關

心實用的東西，對於基督教義，毫無興趣。那些富家子弟更不願意放棄科舉仕途去學什麼基督教。

既然硬生生地傳教不行，那就改變策略，先通過辦教育來培養傳教人才吧。於是，在1865年，丁韙良向美國長老會提交了一份建議書，建議長老會在中國創辦一所高等學校，以培養牧師為主，兼顧醫學、理化等。這份計畫書被美國長老會駁回，丁韙良向普通民眾佈道的理想宣告破滅，他與長老會的關係也因此惡化。

看到在寧波難以有所作為，丁韙良辭去了長老會的職務來到北京，這個時候他已經意識到，要在中國傳播福音，必須走「利瑪竇路線」，即「以學輔教」——通過傳播西方科技來引出基督教，同時還要先贏得中國上層人的尊重和認可。

當時，英國人赫德正在北京任大清海關總稅務司，赫德是丁韙良的朋友，他建議丁韙良先將《國際公法》全部翻譯出來，美國駐華公使蒲安臣也支持丁韙良翻譯此書。因為中國當時面臨很多的涉外糾紛，卻很少有人真正懂國際法。

其實，早在1863年，丁韙良就將翻譯《萬國公法》的一部分譯文拿給清朝大臣崇厚看，崇厚將文稿呈送總理衙門，朝臣們對這部書最初的評價是「字句拉雜，非面為講解，不能明晰」，而主政總理衙門的奕訢對丁韙良翻譯《萬國公法》的動機表示懷疑，他跟皇上說，丁韙良一則誇耀外國亦有政令，一則是要效仿利瑪竇，在中國揚名。

但讓奕訢沒有想到的是，1864年，普魯士在中國海域捕獲了一條丹麥商船，中國官員引用《萬國公法》中的條文竟迫使普魯士歸還了商船。此時，奕訢才開始認真閱讀《萬國公法》，他不得不承認此書「亦有可採之處」。

於是，恭親王奕訢派出4名精通中文的京章（官名）幫助丁韙良潤色文稿，同時撥款刊印此書。

　　需要說明的是，丁韙良所譯《萬國公法》的原作者是著名國際法權威惠頓，惠頓原是美國著名律師，後又赴歐洲任外交官二十多年，最後回美國哈佛大學任國際法教授。他的《萬國公法》出版於1836年，是當時最通用的國際法著作。

　　有了恭親王奕訢的認可和4位京章的協助，丁韙良很快就譯完了《萬國公法》。此書出版後，不僅成了清朝中央及通商口岸外事官員的法律讀本，而且還受到了日本人的高度關注，此書被翻譯成了日文後，成為日本明治維新期間國際法方面的權威讀物。

　　翻譯《萬國公法》獲得認可後，丁韙良再接再厲，又翻譯了《公法便覽》、《外交指南》、《公法會通》、《陸地戰役新選》等國際法方面的著作。由此，他也成了國際法專家，此後他在同文館當教習，教授英文之外，還講授國際法課程。

同文館總教習

　　第二次鴉片戰爭之後，恭親王奕訢等人在和洋人打交道的過程中，深感中國缺乏外語人才，遂在1862年設立了京師同文館，培養中國自己的翻譯人才。

　　京師同文館是洋務派創辦的第一所學堂，也是中國近代的第一所新式學堂，學堂內的英文教習均為洋人。1865年3月，同文館英文教習傅蘭雅離職回上海，英文教習出現了空缺。這時，海關總稅務司赫德向朝廷推薦了丁韙良。朝廷很快就任命丁韙良為英文教習。

　　1867年，同文館又決定聘請丁韙良開設國際法課程，丁韙良接受了這一邀請。為了講好國際法，他還特意回美國耶魯大學進修了一段時間。由於他接受了同文館的邀請，出任教習，美國長老會差會停發了他的工資。

　　1869年9月，丁韙良從美國返回北京。他在《花甲憶記》中這樣寫道——

　　當休完假回到京城時，我拜訪了赫德，並詢問同文館的情況。他回答說：「它依然存在。」接著，又補充說，他已經決定要讓我來主持同文館的教學，並每年從海關稅收中撥給我一筆錢，以維持學校的運轉。「我並不反對修剪一下燈芯，」我答道，「但條件是你必須提供燈油。」也就是說，我可以出任總教習，但財務方面不歸我管。在我的堅持下，赫德同意由他來掌管學校的財政，此後25年中，他始終如一地履行了這個協議對他所規定的職責。……就這樣，在赫德的推薦下，我被任命為同文館總教習。

第三輯

　　這裏面有一個背景，就是丁韙良在同文館任英文教習期間，對學員的學習情況並不滿意。設立同文館的目的是要培養翻譯人才，丁韙良認為，要培養翻譯的話，光學語言是不夠的，你還要學習其他專業，因為你在翻譯的時候往往要涉及到各個專業。可這在當時的晚清是辦不到的。再者，來同文館學習的人並不用功。著名戲劇大師齊如山先生曾在同文館學習德語，他回憶，學生都是「強打著鴨子上架」。他們不用功，有許多只是偶爾來一趟，來了也多半不是為了上課，而是為了領「膏火銀」或約朋友來吃飯談天。因為當時的人們對洋人懷有牴觸情緒，對學習外文的重要性普遍認識不足。在這種情況下，丁韙良想打「退堂鼓」，不想教了，就向總理衙門提出辭職。總理衙門派戶部尚書董恂和刑部尚書譚廷驤找他談話，挽留他。

　　丁韙良在《花甲憶記》一書中也記載了兩位大臣跟他的對話——

「你為什麼要辭職呢？是否嫌薪水太低？」

「不，」我答道，「跟我付出的時間相比，薪水並不低。」

「是否有人冒犯了你？」

「根本不是，學生及所有人都寬容友好，彬彬有禮。」

「那是為了什麼呢？你為何請求辭職？」

「坦率地說，」我回答，「照管十個只學英語的男孩子，對我來說實在太沒出息了。我覺得自己是在虛度光陰。」

「假如這是你要辭職的原因，」他們說，「那你就錯了。你不會永遠只教十個學生。還有你得看一下這些學生最終的前程。我們的年齡越來越大，他們當中的有些人說不定會被委派取代我們的職位。皇帝也會想學外語，誰知道你的學生會不會被召去教皇帝英語呢？」後來的事實證明這是一句絕妙的預言。

丁韙良被說服了，他決定留在同文館。除了教英文之外，他還教這些學生如何發電報。並在發報時請清朝官員來參觀。戶部尚書董恂經常到同文館觀察丁韙良從美國帶回的兩臺發報機，並最終學會了使用它。他還幫助丁韙良編製了一套簡便的拼音字母表。

丁韙良任同文館總教習之後，對同文館的學制進行了改革。他將同文館的學制改成五年制和八年制兩種，五年制的課程不包括英語，主要學習數學、格致、國際法等；八年制的課程用前三年的時間學習英語，此後五年學數學、格致、國際法等。此外，在赫德等人的支持下，同文館的人數也從最初的四五十人增加到1888年的125人，生源也由單一的滿族八旗子弟變成了漢族子弟的人數超過了八旗子弟。

在丁韙良的主持下，同文館培養出了一批翻譯家和外交家。洋務派官員董恂、譚廷驤等都是同文館的畢業生。同文館還翻譯了一

批西學書籍。總理衙門也對丁韙良的工作給予充分肯定，授予其三品官銜。

1898年「戊戌變法」維新派提出了廢科舉，辦西式學堂的主張。光緒帝批准開設京師大學堂，京師大學堂就是今天北京大學的前身，丁韙良出任京師大學堂的總教習，授二品官銜。開學之際，丁韙良當著全體中外來賓，向中國聖人孔子的畫像跪拜致意。這一舉動在很多基督教人士看來是對上帝的背叛，可丁韙良卻用此舉傳達了他對中國文化的認同。

近代來華傳教士，來華之初無一例外都是要在中國傳播「福音」，雄心勃勃地想讓中國基督教化。可是，在具體的傳教過程中，他們中的一部分人認識到，若想讓中國人接受基督教，傳教士本人就必須先瞭解中國文化。為此，傳教士就要學習中國傳統的「儒、釋、道」文化，學習之後他們往往會發現，中國傳統文化博大精深，令人歎服。這樣就出現了有意思的一個現象，很多傳教士本想「化中國」，結果反倒「中國化」了。傳教士中間有很多人對中國文化發生了濃厚的興趣，後來竟成了漢學家。本來他們是想向中國傳播基督教的，結果成了漢學家之後，他們成了向西方傳播漢學的使者。理雅各、李提摩太、明恩溥、丁韙良等就是這樣的人——向中國介紹基督和西學的是他們，向西方介紹中國和漢學也是他們，他們成了東西方文化交流的使者。可是，在生前，他們往往受到雙重誤解，中國人認為他們是「洋鬼子」，是來對我們進行文化侵略的，西方人又認為他們是拿了大清朝的好處，有意替中國說好話。這，或許就是歷史的弔詭之處吧。

1898年9月21日，慈禧太后發動政變，囚禁光緒皇帝，下令逮捕維新人士。戊戌變法運動失敗後，許多維新措施被廢止，可唯獨京師大學堂留了下來。當時，丁韙良曾為此詢問榮祿，榮祿說：「如

果取消京師大學堂，大清會在外國人的眼中失去體面。」1900年，中國爆發了義和團運動，義和團的「拳民」湧入北京，攻擊外國使館，屠殺外國人。外國使館、教堂、西式學校都成為「拳民」們攻擊的目標，丁韙良主持的京師大學堂也在被攻擊之列。義和團在京師大學堂門口張貼了告示，威脅要將學校裏的師生殺光。無奈之下，丁韙良先躲入美國公使康格的宅邸，後又躲入英國大使館中。

　　義和團運動之後，京師大學堂恢復，丁韙良於1901年再次擔任總教習。但此時慈禧太后任命管學大臣張百熙兼任京師大學堂校長，張百熙對傳教士不滿，認為京師大學堂應該由中國人自己來辦，於是便在1902年以經費緊張為由辭退了包括丁韙良在內的所有外國教習。

丁韙良的「中國覺醒」

離開京師大學堂總教習職位之後，丁韙良回到美國。他通過撰寫文章、發表演說等方式向美國介紹中國的有關情況。4年之後，即1906年，他再次向長老會提出回到中國傳教的申請。此時他已79歲高齡了，他與長老會的恩怨也已消除。長老會鑒於他年事已高，就讓他當「名譽傳教士」，即沒有具體的傳教任務，一切憑他自由處置。

1907年，在他80歲生日那天，美國總統威爾遜以及部分美國教育界人士送給丁韙良一面錦旗，以表彰他在中國所取得的成就。據說，當天他興致很高，還騎著一頭毛驢去北京西山旅遊。就在這一年，他還出版了一部關於中國的專著《中國覺醒》。

在《中國覺醒》一書中，丁韙良回顧了中華文明幾千年發展的歷史進程，描述了自己親身經歷的清朝所推行的新政和改革，並試圖解釋推動中國社會變革的潛在力量，表達了對於中國光明未來的極大期盼。

作為親歷洋務運動、維新變法和清末新政的外國人，丁韙良對近代中國所發生的變革給予了充分的肯定。軍事方面，他看到清廷企圖打造一支有現代化武器裝備的陸軍和海軍的努力；教育方面，他目睹了傳統的科舉考試方法被皇帝下諭令廢除，西式學堂開始建立，成千上萬中國學生前往日本和歐美留學；婦女解放領域，他看到了女子學校在各地開始出現，女子不再被排除在現在教育的大門之外，纏腳等陋習正在被廢除；甚至在政治體制方面，清廷也開始接受君主立憲政體，派出5位大臣出洋考察政治。

　　丁韙良認為，只要憲政和改革的勢頭繼續保持下去，中國社會
註定會發生翻天覆地的變化，而中國的強盛和融入國際社會的那一天
也就必將到來。他說：「中國人並不像人們一般所認為的那樣，在其
漫長的民族生活中是停滯不前的。中國人的民族心態隨著時代的變更
也在不斷地前進，儘管並不總是直線前進，但我們認為每一個朝代都
記錄了確鑿無疑的進步，就像北極的黎明那樣，東方天際的第一抹曙
光會消失好幾個小時，但隨之而來的是更為明亮的曙光，就這樣周而
復始，在經過幾個黑暗的輪回之後，日出的時刻終於來臨了。」

　　在當時，像他這種對中國的未來持樂觀主義態度的西方人並不
多。當時的中國，戰亂不已，民不聊生，很多中國人自己都不知道
中國的未來將走向何方。但是，丁韙良卻憑著他對中國社會的深入
觀察和對中國文化的精心研究，對中國未來做出了樂觀的判斷，並
多次向西方人表達自己對中國的看法。早在1868年10月，丁韙良就
在美國遠東學會上做過一個題為〈中國的文藝復興〉的演講。在這
個演講中，他批駁了西方世界長期以來對於中國所形成的諸多「傲
慢與偏見」，他說——

　　　從來也沒有一個偉大的民族受到過更大的誤解。中國人被指
　　責為缺乏熱情，因為我們沒有一個足夠透明的媒介可以把我
　　們的思想傳遞給他們，或是把他們的想法傳遞給我們；中國
　　人還被指責為野蠻透頂，因為我們缺乏廣闊的胸襟，無法理
　　解一個與我們截然不同的文明；中國人被描述成毫無獨創性
　　的模仿者，儘管他們所借用別人的東西要比任何其他民族都
　　要少；中國人也被說成是缺乏創造力，儘管世界上一系列最
　　有用的發明創造都是受惠於他們；中國人還被認為是死抱住

　　傳統觀念不放的，儘管在他們的歷史中曾經發生過許多次深刻的變革。

　　今天，我們再審視丁韙良的這些言論，可以看出的是他對中國文化的一往情深和高度信任。儘管他對清末新政的樂觀預言失敗了，但他對中國文化的辯護和「中國覺醒」的這個總體判斷並沒有錯。在「事」上看，近代中國所發生的洋務運動、維新變法、清末新政等變革活動都失敗了，但在「理」上看，近代中國的每一次變革都意味著「中國覺醒」程度的加深。直到五四運動發生，中國人以「德先生」和「賽先生」為口號，內爭個人權利，外爭國家主權。當單個的中國人不再甘心做封建王朝下的臣民和奴僕時，整個中國也就不願再做任西方列強宰割的殖民地和半殖民地。中國這頭「東方睡獅」最後確實醒了！從這個意義上講，丁韙良的判斷實屬高明。

　　不過，丁韙良並沒有看到中國最後覺醒的時刻。1916年12月17日，他在北京去世，享年89歲。丁韙良生前在中國生活了62年，死後也葬在了中國（墓地在北京西直門外的外國公墓裏）。不管生前基督教會內部對他有過多少誤解，也不管死後中國人對他有過多大的爭議，但有一點是誰都否認不了的：丁韙良的一生跟中國結緣甚深，他對中國的變革事業施加過自己的影響，他對中國文化抱以充分的尊重和善意，他對中國的未來持有足夠的自信和樂觀！

第三輯

李佳白：從傳教士到社會活動家

一

李佳白（1857－1927）對中國的特殊好感是從他父親那裏繼承來的。

他的父親叫約翰・雷德，是美國長老會的一名牧師，對中國文化有著異乎尋常的興趣，熟讀中國的經史著作。他相信「中國儒教天人之辨，析入妙忽，為性理學者，不於中國經傳究精微，不能窺聖賢堂奧，更不能通彼此性情。」在父親的影響下，李佳白在美國讀書期間就初步學習了漢語和儒家典籍。這種學習加深了李佳白對中國的瞭解，使其在早年就對中國心向神往。

1879年，李佳白從漢密爾頓學院畢業後，遵照父親的意願，進入協和神學院學習三年。1882年，已經獲得傳教士身份的李佳白向長老會提出去中國傳教的申請，獲得批准。於是，他於同年10月抵達中國上海，然後赴煙臺，開始了他在中國長達45年的人生傳奇。

二

到達中國後，李佳白先在煙臺傳教3年，隨後又到濟南傳教，前後在山東傳教10年。

山東是孔子的故鄉，李佳白在此期間遊覽了曲阜、北京等地。在曲阜，他還特意拜會了孔子的後裔，並獲贈一面錦聯。

　　與所有來華傳教士一樣，李佳白最初來華的目的是為了傳播「福音」。他先採用傳統的方式，在教堂、街道等處向民眾宣傳基督教義，但收效甚微。後來，李佳白穿上中式服裝，「日與儒教人士相晉接」，佈道時「一手握《聖經》，一書持四書，如聽眾不願意聽基督教則講授孔教」。

　　1886年，張曜調任山東巡撫。當時黃河決口，水災嚴重。李佳白以提供西方治河方法為由，成功地拜訪了張曜。他向張曜提供了一份報告，詳細介紹了西方治理河流氾濫的方法。

　　黃河決口之後，兩岸田地被淹，房屋被毀，災民流離失所。針對賑災和救濟，李佳白又提出了很多切實可行的辦法。他建議當地政府將災民分為兩類，一類為老人、兒童和婦女，一類為強壯男丁。對於前者，政府要全力救助。對於強壯男丁，則應採取「以工代賑」的辦法，組織他們或疏浚河道，或開墾荒地，或修建道路，然後量工定價。他說這種辦法有如下好處：「人不坐食，款不虛靡」，「老弱免於溝壑，強丁不致離散」，「民有恆業……不能妄生是非」，「遊手好閒者亦不致流為盜寇」。這些建議，非諳熟中國國情者，不能提出。從此我們亦可看出，李佳白此時對中國現實已經有了相當深入的瞭解。

　　除黃河決口外，1886年至1889年間，山東、山西、直隸、陝西、河南五省發生了特大旱災，有上千萬人餓死。1888年災情嚴重之時，西方傳教士在煙臺成立了「賑災委員會」。1889年1月，上海外國僑民成立了「華北義賑會」，向海外募捐。在此期間，李佳白全程參與了賑災工作。

　　1890年，在華基督教（新教）傳教士大會在上海召開，李佳白在大會上發言，呼籲所有的傳教士重視對中國上層人的傳教工作，並建議基督教會與中國政府之間建立良好的信任關係。他的發言得到了

英國著名傳教士李提摩太的強烈贊同。1892年，李佳白回國休假，向美國長老會提出了在中國上層人中間傳教的設想，要求教會支持他建立一個針對中國官員和知識份子的傳教機構。結果，長老會拒絕了他的計畫。長老會認為，李佳白的建議違反了《聖經》中「特別關注窮人」的訓令，不可能成功。建議遭到拒絕之後，李佳白辭去長老會的職務，決定獨立開創自己的「在中國上層人中間傳教」的事業。

　　自此，李佳白成了一名獨立傳教士。他在中國的傳教活動不再得到長老會的支援，亦不再受教會的限制，可以按照自己的想法做事。

三

　　1894年中日甲午戰爭爆發。李佳白當時在美國，得知中國戰敗的消息後，他「遠聞焦灼」，迫不及待地返回中國，「既抵上海，星馳入都」。他回中國的目的非常明確，就是「務求代籌善策以挽時艱，而顯吾聖教愛人如己之旨」。

　　甲午戰敗對國人的刺激很大，朝野很多有識之士開始尋求救國方案，主張向西方學習，變法圖強。李佳白和其他西方傳教士敏銳地捕捉到了中國社會所發生的重大變化，他們認為基督教會不應置身世外，而應該為中國提供有關變法維新的智力支援和精神動力。

　　到北京後，李佳白住在匯文書院，每日粗茶淡飯卻毫不介意。他出入於京城高官名流之門，先後拜訪了總理衙門和軍機處官員王文韶、徐用儀、剛毅、李鴻藻、慶親王、榮祿等人，向他們講述變法圖強的道理和措施。李佳白與恭親王奕訢私交甚厚，恭親王特別優待李佳白「可以私人與之交際，互相往來。嗣後如有條陳，盡可隨時呈遞。如欲進見，亦可先用函，約日後會晤。」從此，李佳白無須通過美國公使轉達，即可直接約見總理衙門的官員。

第三輯

在與恭親王奕訢、帝師翁同龢、軍機大臣李鴻章等人的會談中，李佳白反覆陳說變法圖強的必要性，激勵他們儘快採取改革措施，富國強兵。

身為外國人，卻為中國國事盡心盡力，奔走呼號，李佳白的這種熱忱贏得了清朝官員的信任和尊重。1897年，李佳白的父親去世，他以中國的禮儀舉行弔唁活動，京城政界260人送去輓幛，「皆具讚頌弔唁之詞」。一時，李佳白聲名鵲起，連光緒皇帝都曾邀請他列席外務部會議，一同討論外交問題。

李佳白與京城官員結下的良好關係，也為其他傳教士的活動提供了便利。1896年，林樂知就請李佳白將《中東戰紀本末》一書呈送總理衙門。這本書是廣學會出版的對戊戌變法影響最大的書籍之一，它不僅刊載了有關甲午海戰的大量報導和評論，而且還收錄了李提摩太、林樂知、李佳白等人有關鼓吹變法、學習西方的文章。這本書後來被梁啟超列入西學目錄。

李佳白還與維新派領袖康有為、梁啟超等人交往密切。他與李提摩太經常參與維新派的聚會，每次聚會必討論維新變法的各種事宜。康有為、梁啟超有感於變法阻力太大，於1895年組織了強學會，以圖「廣聯人才，創開風氣」。李佳白和李提摩太也被邀請加入強學會。

維新變法期間，西方傳教士對中國社會的影響最為巨大。當時，李提摩太、林樂知、李佳白三人堪稱維新派的「洋導師」，他們在《萬國公報》上發表文章，提出變法主張。這些主張絕大多數都被康有為、梁啟超等維新派所接受。概括地說，這些主張包括：政治上廣開言路，改革官制，裁撤冗官，懲辦貪吏；文化教育上譯西書、開報館、廢科舉、立學堂，派人出洋留學；經濟上鞏固農業、發展商業、鋪設鐵路、製造機器、開採礦藏、創辦銀行等。李提摩太在看過康有為的變法計畫後，曾給妻子寫信說：「幾乎我

以前所做的種種建議，全部概括和凝聚在他那份具體而微的計畫中了。」由此可見傳教士對維新派影響之深。

這些傳教士積極地參與維新變法，力促中國改革，其目的不在於使更多的中國人皈依基督教，而在於喚醒中國人的現代意識，使中國儘早地融入到現代的世界體系之中（鴉片戰爭之前的中國一直處於封閉的「朝貢體系」之中）。李佳白曾撰文說：「旅華之士，即受華之惠，每思披肝瀝膽，有以報稱。值此迫不及待之勢，誠不忍緘默不言。」對此，梁啟超也深有感慨地說：「中國應舉之事千萬也，中國人不自舉，於是西人之旅中國者傷之憫之，越俎而代之。」

以前，很多人認為西方傳教士積極參與中國社會變革（包括洋務運動、維新變法、清末新政等）是「插手中國政治」，是「對中國指手畫腳」。今天看來，這樣的看法實在是偏頗的。面對中國的積貧積弱，不少西方傳教士出於基督教的博愛精神，不免「傷之憫之，越俎而代之」。這樣的看法才更符合歷史真實。

對於李佳白本人，梁啟超非常欽佩。1897年，李佳白在北京創辦尚賢堂，梁啟超特為之作〈記尚賢堂〉一文，其中稱：「李君遊中國十餘年矣，昔在強學會，習與余相見。會既輟，李君乃為此堂，思集金二十萬，次第舉藏書樓、博物館等事，與京師官書局、大學堂相應，其愛我華人亦至矣。」

1898年2月，李佳白回美國為尚賢堂籌款，宣傳中國的維新變法活動和自己創辦尚賢堂的宗旨，得到了西方一些熱心中國事務人士的相應和贊助，募得捐款10萬美元。在此期間，他與上海中西女墊琴師、美國監理會撒那熱羅爾女士相戀，兩個人於1898年12月在哥倫比亞結婚。此時的他，挾籌款成功之際又逢新婚之喜，自然異常高興，他準備回到中國大展宏圖。

可是當他在1899年秋天返回中國時，戊戌變法已然失敗。很多人也因中國政局的驟然變動而取消了對尚賢堂的捐款。這讓李佳白深感絕望，他說自己「似在極樂之山後漸落於絕望之泥坑中」。接下來的中國發生了義和團運動，李佳白辛苦創建的尚賢堂毀於戰火之中，李佳白本人也在義和團圍攻使館時腕部受傷。無奈之下，他只好靠給倫敦《泰晤士報》、倫敦《晨報》、《倫敦日報》等西方報刊撰稿獲得收入，以維持生活來源。

四

經過庚子事變之後，慈禧太后終於發現「拳民不足恃」，還得與八國聯軍賠款講和。《辛丑合約》簽訂之後，慈禧太后等人痛定思痛，決定還得走改革之路，遂於1901年1月宣佈實行「新政」。這便是史家所稱的「清末新政」。「清末新政」的內容與維新派當年的主張大同小異，政治上宣佈「預備立憲」，進行政治體制改革；軍事上編練新軍；教育上廢除科舉、創辦新式學堂等。

「清末新政」讓李佳白從絕望中走了出來。他不失時機地在上海推出系列講座「列國政治異同考」。他的講座吸引了眾多聽眾，《申報》以「美儒講學」「西儒演說」「偉論同聆」等標題多次報導講座消息，報導稱「列坐傾聽者，紳商士庶數百人，咸擊掌稱快。」

在演講中，李佳白這樣比較中美兩國的民主制度——

美國民權之大，甲於環球，自合眾國之國王，各邦之邦主，京師與各邦上下議院，以及各地方官，無一非人民所公舉。故在位者，必獲民心，為民興利，且人民可以議國政之優

劣，可以論官長之賢否。所以政即民政，權即民權，國主即
民主。

……中國自宰相以及各處地方官，無一非皇帝簡派，故升降
黜陟，亦一聽皇帝意旨。而人民議國政之優劣，論官長之賢
否者，以叛亂論。即有不平，亦敢怒而不敢言耳。是可知中
國之民權，未盡墜地也，特權力甚微，君門萬里，多有理直
不得伸者。壓制愈甚，壅蔽滋深，上下之情，未易通焉。

……中國自上而下，其弊在壅塞。美國由下而上，其利在流
通。若中國果能因時改制，擇善而從，所謂見兔顧犬、亡羊
補牢，猶未為晚。

這樣的見解，今天看來猶有振聾發聵的意義。可惜的是，清廷
根本不可能實行「三權分立」的政體。即便是「預備立憲」，最後
也被證明是一場騙局。在「清末新政」實行10年之後，辛亥革命爆
發，大清朝轟然倒坍。李佳白對「新政」所寄託的種種美好期盼也
隨之破滅。

但是，李佳白對中國的深厚感情並沒有因此消失，他在中國事
業仍在繼續。

五

《辛丑合約》簽訂之後，清廷極力與西方列強修好。在這樣的
背景下，李佳白在維新期間所創辦的尚賢堂在1903年得以在上海重
建。此後，經營尚賢堂就成了李佳白後半生最重要的事業。

李佳白創建尚賢堂的最初動機是把它建成一個向中國上流人傳
教的機構，可是在後來的發展中，尚賢堂的職能不斷擴展，涵蓋中

外名流社交、推廣西學、宣傳宗教聯合、宣揚和平、消弭戰亂等諸多內容。但不管內容如何龐雜，李佳白始終是尚賢堂的靈魂人物，尚賢堂的種種活動都是與李佳白對中國時局的看法緊密相連的。

「清末新政」期間，尚賢堂創辦短期職業培訓班，開設法政、英文等專科，教授「華人佳子弟」，「中外紳商罔不欽佩」。隨後，尚賢堂的規模不斷擴大，還於1910年創辦了機關刊物《尚賢堂紀事》，到1912年，尚賢堂會員「達二十國人，十宗教」之大，一時盛況空前。李佳白憑著他與中國上層社會所建立的良好關係，邀請眾多社會名流入會。遇有官員升遷，或有官員途徑上海，尚賢堂都會設宴招待、餞行，有的還被邀請發表演講。1912年4月，孫中山途徑上海，就被邀請至尚賢堂發表演講，並舉行植樹典禮。當時的政壇名流袁世凱、黎元洪、岑春煊、伍廷芳等都曾是尚賢堂的會員或名譽會員。

此外，尚賢堂還經常邀請中外宗教界人士發表演講，宣傳宗教聯合的思想。李佳白認為，基督教和儒、釋、道等宗旨一致，都提倡道德，勸人向善。「各教所異者名稱，而所同者宗旨。儒教之興，為救世也，佛教之興，為救世也，耶回各教之興，亦何一不為救世者？」他信奉「教能使人分，道能使人合」的思想，相信各宗教可在真理和善舉面前實現聯合。因此，他不斷邀請各宗教的著名人士來尚賢堂發表演講，以圖促進各宗教之間的相互瞭解和認同。在1913年，被邀請至尚賢堂演講的人中有信奉基督教的牧師、有道家的道長、有信奉印度教的大學教授、有孔教會的會長、有佛教的高僧大德。印度詩人泰戈爾、太虛法師等都曾在尚賢堂發表演講。

到1914年7月19日，尚賢堂召開萬教聯合大會。當日雖天降大雨，但赴會者仍有三百多人，「回教之阿訇、道教之煉師、釋教之上人、大總統之代表、活佛及倫敦會之牧師，俱比肩連坐，毫

無形跡之見焉。」對於萬教聯合大會的宗旨和活動辦法，李佳白如是闡述：「世界無論何教，無不以道德為依歸，其施教之禮儀與方法雖不一致，要其歸結，無非範圍人民，使入道德之途。」「世界各教，所向者莫非道，所慕者莫非德，萬教莫不一致，且各教皆有進行之理，並不以地為限，有退之而無扞格者，有不待推而已為彼教所同然者。」因此，「設立中外教務聯合會之本旨，原在提倡公共道德，發明各教真理，乃為各教各抒所長之團體」。對於活動辦法，李佳白制定了如下幾條原則：「一、各教相互親睦，尊重友誼，無爾我之見，無等級之分，如此乃與尚賢堂宗旨不背；二、開會時不可批評他教之教理，更不可誹謗他教及凌辱他教之人；三、各教友人可以隨意研究他教之道，協力同心以成善舉，方與眾人有裨。」

有傳教士攻擊李佳白搞各宗教之間的大聯合是背叛基督教，李佳白以孔子所講「君子和而不同」的道理予以回答。

應該說，提倡宗教聯合不僅有利於增加各宗教間的相互瞭解，化解教派衝突，而且還有利於中國統一和社會安定。這樣的工作即便在今天看來，也是有積極意義的。

第三輯

六

進入民國之後，中國政局動盪不安，黨派林立，紛爭不已。袁世凱死後，中國又進入了軍閥混戰的狀態。面對如此混亂的局面，李佳白認為中國最重要的事情就是要實現和平統一。有意思的是，作為一個外國人，他所認為的中國統一不僅包括時人所稱的「二十二省之聯合與統一」，而且還要將蒙古、新疆、西藏等聯合起來。在他看來，共和國應該合漢、滿、蒙、藏、回等各民族為一

體，且使各民族和睦相處。他撰文期望中國4億同胞「同心協力，成全共和的宗旨，化解各種隔閡，求大眾的利益，不求一人一省的利益。彼此互相親睦，不再交戰，視國如家，親家如己」。

從孫中山、袁世凱到黎元洪、馮國璋、徐世昌、曹錕、段祺瑞，無論誰當政，李佳白都對其獻計獻策，目的只有一個，就是助其以和平手段實現統一。但是，上述人物一旦打算用戰爭的手段來實現政治統一時，李佳白又立即予以反對。因為他是一個徹底的和平主義者，反對一切形式的戰爭。他說：「天下唯和平二字可以永久存在。爭鬥之事不過一時之衝動，其最後之結果，仍必歸於和平。」

他認為戰爭沒有勝利者，雙方都是失敗者，人民更是戰爭的絕對受害者。好戰者以為「屈人可以俾我，奪人可以益彼」，這「可謂癡人說夢矣」。因為天道弛張，戰爭雙方的實力會此消彼長，勝負之局可相互轉化。勝者固然想保持強大，但敗者亦可臥薪嘗膽，反攻倒算，最終的結果必然是加劇仇恨，致使冤冤相報。他舉德國和法國兩個大國因世仇不斷發生戰爭和北洋各派軍閥實力此消彼長為例子來說明上述道理，最後規勸道：「拋無數金錢頭顱以爭得之勝利，其不可恃也，猶如煙雲之易散」，「言戰之結果，則實物變為空虛；言戰之功也，則朝得則夕已不保；言戰之影響，則財政破產，交通阻絕，百業停廢，四民流徙，馴至盜賊蜂起，外患肆染，而國本乃岌岌動搖」。

因為反對任何形式的戰爭，李佳白對中國於1917年加入協約國參戰的舉措亦強烈反對。不僅如此，他還強烈批評美國加入第一次世界大戰的決定。他的這些言論既得罪了中國，又得罪了美國，協約國集團的一些傳媒甚至說李佳白是德國的「文墨先鋒」。1917年12月29日，美國最高法院簽發逮捕令，指令美國駐華公使拘捕李佳白。經美國領事法庭審理後，中國政府在外交壓力之下將李佳白驅

逐出境。1918年1月，李佳白抵達菲律賓島，5個月後才回到美國，此時一戰已經接近尾聲。

雖然因倡導和平而「吃了苦頭」，但李佳白癡心不改。4年之後，他又回到中國，繼續為中國的和平統一事業奔走活動。他不遺餘力地到各省做和平演講。1922年上半年，他應學校、機關和社會團體的邀請，先後赴山東、山西、河南、安徽、浙江、上海等地演講六十多次，下半年又在浙江、安徽等省演講五十多次。所到之處，李佳白受到了各界人士的熱烈歡迎，聽眾對他的演講「均極感佩」。山西督軍閻錫山對其慷慨贈送差旅費，「優禮之隆，無以復加」。河南省長張鳳臺對李佳白的演講也竭力提倡，「開會之際，輒親陪往」。在河南洛陽演講期間，吳佩孚還親自陪同李佳白遊覽洛陽，以示歡迎和感謝。

李佳白演講的對象包括教育界、商業界、宗教界及軍政界等各階層人士。他演講的主旨是和平統一，但針對不同階層又各有側重。對教育界，他強調教育對於增進人民道德和知識的重要性，希望教育界人士要立大志，求實學，為培養有愛國心的中國人而努力；對商業界人士，他強調商人亦要有愛國心，應肩負起改變社會觀念的責任，力促國貨，開拓國內貿易，並監督政府財政，敦促政府將軍費移做民生之用；對宗教界人士則講宗教聯合，以便整合各教之優長，教化百姓，提升整個國民的道德水準；對軍政界，他特別強調各級官員要崇尚道德，節用愛人，廢除橫徵暴斂的苛政，裁減軍備，發展民生，「順民人之意，而求民人之益處」，最終使中國成為真正的主權在民的共和國。

李佳白擅長在中國上層人中間活動，推廣和平統一事業亦不例外。為了消弭戰爭，他幾乎拜訪過民國期間不同階段所有執政和在野的政界要人。僅1923年4月至1924年4月的一年間，他就拜訪黎元

洪三次，曹錕一次，其餘省部級要員無數次。他還在尚賢堂舉辦各種集會，為和平運動推波助瀾。1922年10月，北京尚賢堂在東安門真光電影院召開消弭戰端、裁減軍備討論會，參加會議的各界人士通過了一項和平請願書，分別呈送總統、國會、國務院及各省，懇請當政者「念瘡痍其未安，知武健之可畏，誠雷厲而風行，化干戈為玉帛」。此次請願得到了各界的回應，王寵惠代表國務院覆函稱讚李佳白及宗教聯合會「熱心宏願，欽佩莫名」；高洪恩代表交通部表示對和平活動當「竭力資助，期底於成」，孫中山亦回函稱讚李佳白「洞明時勢，出而建議，他山之言，借我攻錯，洵中國國民之良友也」。1923年10月，李佳白又在上海尚賢堂舉行各教祈禱和平大會，邀請各宗教代表發表和平演講，此事亦產生很大影響。

可是，在軍閥混戰、政局動盪的民國，李佳白和平統一的呼聲一次次地被戰爭的硝煙所淹沒。軍閥們雖也對和平統一的理論表示認可，但在實踐中他們還是更喜歡用槍桿子說話。對此，李佳白只能抱以歎息和失望，他說：「積年內爭之結果，使余數十年來所抱之夙衷全成空花。光陰荏苒，余衰且老，茫茫前途，莫知所屆，此余對中國時局不禁痛心下涕，徬徨不安者也。」

經過一次次的勸說失敗，他也認識到了軍閥們的險惡用心，他們「有時表面上呈現和平景象，而其真心實意，仍不泯奪地攬權之險謀」。他甚至悲憤地指出中國「無人以國事為念」，「有力之輩，外則借貸以圖私，內則殘民以利己。……其他種種事業，莫不黑幕重重。歸納言之，一國之中，無為國家辦事之人而已。」

1927年9月30日，李佳白在上海病逝，享年70歲。上海聖約翰大學校長卜舫濟主持了他的葬禮，國內外眾多媒體紛紛發表紀念文章，高度評價李佳白的一生。其中，《基督教世紀》載文稱「中國失去了一個朋友，世界失去了一個忠誠的人」，文章稱讚李佳白是

一個「徹底的和平主義者」，「他相信愛和善意是抵抗邪惡目標的唯一合理手段」。這顯然是針對李佳白不屈不撓地倡導和平活動所做出的高度褒獎。

　　以中國人的眼光來看，李佳白在中國生活了45年，他對中國人民和中國文化飽含深情，他以自己的方式為中國的進步及和平統一事業盡心盡力、奔走呼號。雖然他為之嘔心瀝血的維新變法、清末新政及和平統一事業都失敗了，但是，作為一名社會活動家，他所倡導的國家進步、宗教聯合及消弭戰端的和平理念卻一直沒有過時。即便到了今天，李佳白的一些言論和主張也依然具有極強的現實意義──尤其是在宗教衝突不斷和戰亂頻仍的地區和國家。畢竟，和解與和平才是人類最基本的幸福保障。

第三輯

傅蘭雅：從傳教士到翻譯家

一

人生在世，往往會遇到一些意想不到的事情。對傳教士來說亦是如此。

最初來華之時，身為英國聖公會傳教士的傅蘭雅無論如何也想不到，他日後在中國近代史上的定位是大名鼎鼎的翻譯家和科普工作者，而非傳教士。

傅蘭雅（1839－1928），出生在英國蘇格蘭肯特郡海斯鎮的一個窮苦牧師家庭，受家庭影響，很早就加入聖公會。貧困的家境使他從小養成了發奮學習、努力向上的性格。他自幼就對中國感興趣，很早就萌生來華工作的願望。為此，他母親經常在家給他煮米飯吃，為的就是讓他能適應將來在中國的生活。因家庭貧困，傅蘭雅還曾在酒廠當過學徒，後因得到政府助學金才就讀於倫敦海布萊師範學院。

1861年，大學畢業的傅蘭雅接受香港聖保羅書院的邀請，到達香港，任聖保羅書院校長，這時他才22歲。因此，這位傳教士的早年經歷完全可以用人們所熟知的「窮人的孩子早當家」來概括。

更有意思的是，他所就任校長的聖保羅書院也是一所招收窮人家孩子的教會學校。學生大都來自香港、澳門和廣東的窮苦人家。在那個年代，只有窮人家的孩子才會上教會學校，原因是教會學校不僅免收學費，還免費提供住宿和伙食。對窮苦人家來說，孩子能白吃白

住還有學上就滿足了，對於考科舉中進士，他們往往不敢奢望。他們當然更不會想到，這些從教會學校出來的孩子日後都有不錯的前程，他們有的進了洋行拿高薪，有的出國留洋，有的甚至成了外交家、政治家，對近代中國都產生了重要影響。就在傅蘭雅任校長的聖保羅書院，日後走出了一位中國近代著名的外交家伍廷芳。

在聖保羅書院當了兩年校長之後，傅蘭雅接受了清政府的邀請，前往北京出任同文館的外文總教習。同文館是清政府設立的培養譯員的洋務學堂和從事翻譯出版的機構。1860年，清政府成立總理各國事務衙門，負責處理「洋務」。在與洋人打交道的過程中，洋務派官員深感缺乏翻譯人才。於是，1862年，主持洋務運動的恭親王奕訢奏請設立同文館。同文館成立後，包爾騰任首任外文總教習，包爾騰卸任之後，傅蘭雅出任此職，此後，著名傳教士丁韙良也曾擔任同文館總教習，並歷時25年之久。

同文館隸屬總理事務衙門，官辦色彩濃厚，且初期人數較少，學生又都是滿族官宦子弟，他們學習外語的熱情並不太高。這樣的狀況讓傅蘭雅感到有點無奈。兩年之後，他辭去了同文館外文總教習一職，轉任上海英華書院校長。上海英華書院是外國人辦的，招生對象是中國商界子弟，學生要交學費，學校能自養。這樣的學校顯然對傅蘭雅更有吸引力。

但是，煩心事依然存在。英華書院董事會成員多是基督教信徒，他們向傅蘭雅施加壓力，要他向學生灌輸基督教，這讓傅蘭雅感覺不爽。傅蘭雅本人雖然是虔誠的基督徒，但他信奉宗教自由的原則，不願意對還未成年的中國學生進行強迫性的宗教教育，同時，這所學校在招生廣告中也沒有說明學生必須接受基督教教育。如果在學生入學後增加基督教課程，那就有欺瞞之嫌。傅蘭雅不願意幹這樣的事，跟學校董事會的關係搞得挺僵。學校董事會指責

傅蘭雅太「世俗化」，並逐步剝奪他的行政權。於是，在1868年5月，傅蘭雅憤然辭職，離開了英華書院。

二

　　還沒有辭去上海英華書院校長一職之前，傅蘭雅就得到江南製造總局翻譯館的邀請，希望他出任翻譯館的翻譯。從英華書院辭職之後，傅蘭雅順理成章地「跳槽」到了江南製造總局翻譯館，出任譯員。

　　江南製造局是洋務派創建的中國第一家近代化機械製造企業，為了實現富國強兵的目的，洋務派當時首先想到的就是發展軍事工業，以便迎頭趕上西方的「堅船利炮」。江南製造局成立後，除了向西方購買必要的機械設備，還要翻譯西方的科技、工程書籍。1867年，曾國藩派他的幕僚徐壽、華衡芳等負責相關的翻譯工作，當時的中國極端缺乏翻譯人才，所以只好請在中國的外國人幫忙。在這個過程中，他們認識了傅蘭雅，遂想邀請他做專門的譯員。為了留住人才，江南製造局付給傅蘭雅高達800兩白銀的年薪，這個薪水在當時足讓人過上富足的生活。

　　除了高薪的誘惑外，傅蘭雅更看中這項工作的美好前景。他寫信給遠在英國的父親說：「充任中國政府的科技著作翻譯官是一個令人愉快的職業，它受人尊敬，無比光榮，而且有用。我打算將這一職位當作在中國謀求更高官銜的跳板。我的志向無邊。我的職位完全是獨立的——什麼領事館、海關，都無權管轄我。」

　　當時翻譯館所譯的書籍，以西方科學技術為主，書目由中國官員選定，隨後由傅蘭雅從英國訂購運來。受到中國官府如此重用，傅蘭雅真有點受寵若驚。為了對得起高薪和中國官府的信任，傅蘭

雅勤奮譯書。工作了兩個月之後，他給叔父寫信，再次表達了對新工作的熱愛。他說：「我現在已經獲得了一個新的職務，專為中國政府翻譯科學技術書籍。在我一生中，從來沒有像今天這樣高興過。……我立即開始學習和翻譯三個專題，上午翻譯關於煤和採掘煤的實用知識，下午鑽研化學，到晚上則鑽研聲學。」

工作了一年之後，傅蘭雅又給他的英國朋友寫信說：「江南製造局翻譯館大有希望可以成為幫助這個可尊敬的古老國家向前走的一個有力手段，它能使中國跨上文明進軍的軌道。」

當時，翻譯作為一種新生事物剛剛引入中國，譯書多採取「口譯筆述」的原始形式。即翻譯著作時須精通外語和精通中文的兩個人合作，先由外文譯員閱讀一遍，讀過之後按原意逐句讀出漢語，由中文譯員記錄。之後，再由兩人按照中國文法修改記錄稿，最後形成定稿。對於這種翻譯西方書籍的方法，傅蘭雅在《江南製造總局翻譯西書事略》中寫道：「至於館內譯書之法，必將所欲譯者，西人先熟覽胸中，而書理已明，則與華士同譯。乃以西書之義，逐句讀成華語，華士以筆述之。若有難言之處，則與華士斟酌何法可明。若華士有不明處，則講明之。譯後，華士將初稿改正潤色，令合於中國文法。有書要出，華士與西人核對……既脫稿，則付梓刻版。」與傅蘭雅合作過的中國數學家華衡芳在《代數術》一書的序言中說：「傅君口述之，余筆記之，一日數千言，不厭其艱苦，凡兩月而脫稿，繕寫付梓，經手告成。」

江南製造局翻譯館採用這樣的翻譯方式，為近代中國引進了一大批西方的應用技術和自然科學新成果，促進了中國近代科技的發展，對中國思想界也產生了極大的影響。譚嗣同讀了江南製造局翻譯館的譯著後，大有感慨地說：「天地以日新，生物無一時不新也。今日之神奇，明日即以腐臭，奈何自以為有得，而不思猛進乎？」康有

為在1882年訪問上海，購買了一批江南製造局翻譯館的譯著，他回廣東研讀後覺得眼界大開，立志要在中國推動「維新」事業。

在江南製造局的譯員中，傅蘭雅最有名，他在江南製造局翻譯館任職長達28年，期間與人合譯的西方書籍多達129部，內容涉及物理、數學、化學、軍工、礦物、冶金、醫學、地質、氣象、植物、法律、解剖和政治經濟學等各個方面。他由此成為近代翻譯西書第一人、當之無愧的翻譯家。因為翻譯工作出色，清政府授予傅蘭雅三品官銜。

在翻譯西方科技書籍的過程中，最難翻譯的就是科技名詞。傅蘭雅和他的中國夥伴多次討論，最後定下了兩條原則：其一，中文已有之名，只要合用就沿用；中文沒有之名，則採用音譯，通過在原有中國漢字上加偏旁來解決，如化學元素鎂、砷、矽等就是這樣造出來的。中國科學技術上的專用名詞，很多都是傅蘭雅和他的中國夥伴反覆討論之後敲定的，他們為此還特地編撰了好幾部中英文對照的科技詞彙工具書。

在與中國夥伴多年的翻譯合作中，傅蘭雅與他們結成了深厚的友誼。在傅蘭雅的合作者中，有很多大名鼎鼎的科學家，如徐壽、華衡芳、徐建寅、李善蘭、趙元益、丁樹棠等。傅蘭雅和徐壽一家感情密切。徐壽曾與傅蘭雅合譯《化學鑒原》、《化學考質》、《化學求數》等書，為近代化學在中國的傳播奠定了基礎。徐壽一生為人耿直，不願為官，不圖厚祿，在其製成我國第一艘輪船後，清政府曾賜予「天下第一巧匠」的懸額，但他從未懸掛，一直孜孜以求、勤奮工作，終於積勞成疾，逝世時年僅66歲。他的兒子徐建寅也是一位值得尊敬的化學家和翻譯家。他幼承家學、勤學聰敏，年僅17歲就與父親一起被召至曾國藩帳下，配合父親做實驗和設計工作。1901年，徐建寅負責火藥生產，工匠拌和藥料時發生爆炸，

在場的十餘人同時殉職，徐建寅亦在其中。傅蘭雅稱讚徐壽之子徐建寅說：「他是我遇見的最聰明的中國人。我同他相比，在許多方面我不過是一個幼稚的兒童而已。」對數學家李善蘭，他也誇獎備至：「中國有李善蘭之才者極稀，或有能略與頡頏者，必中西廣行交涉後，則似李君庶乎其右。」

對於翻譯西方科技書籍的意義，傅蘭雅這樣說：「……中國向以經史詞章為要，而格致等學置若罔聞。若令西人能詳慎譯書而格致傳於中國，亦必能親睹華人得其大益，雖不敢期中國專以西學考取人才，然猶願親睹場中起首考取格致等學，吾其拭目望之矣。」

三

傅蘭雅希望中國人能普遍接受「格致之學」，甚至期望西方科技能在科舉中佔一席之地。這個目標顯然是不切實際的。當時雖然是洋務運動時期，但一般國人對西學的理解還相當膚淺，對西學的重要性普遍認識不足。江南製造局翻譯館所譯各種科技書籍，數量很多，但卻僅在上海廣方言館和製造局的機器學校裏供學生使用，普通國人很少閱讀。對於這種情況，傅蘭雅甚感失望，他說：「中國人數尤多，若以書數和人數相較，奚啻天壤。唯中國郵遞之法，尚未定章，而國家尚未安設信局，又未置鐵路，則遠處不便購買。且未出示聲明，又未分傳寄售，則內地無由聞知，故所售之尚為甚少。」

為了讓科技書籍充分發揮效用，傅蘭雅又著手開展科普工作。1874年，傅蘭雅與英國駐上海領事麥陀華磋商，打算在上海開辦一所科普學校，請求麥陀華幫助募集捐款。經過兩年多的籌備，1876年6月22日，格致書院在上海成立。書院開始並未招生，但設有閱

覽室，對外開放科普書刊，任何人都可進去閱讀。此外還設有博物館，陳列工藝機械、試驗儀器、動植物標本、化石等，讓上海民眾免費參觀。到1879年，格致書院在上海《申報》和《萬國公報》上刊登招生廣告，開設西方語言文學和格致等科技課程。格致書院的第一位主管是徐壽，徐壽去世之後由王韜繼任。王韜是近代著名的啟蒙思想家，他積極邀請沿海各關道的官員（如薛福成、盛宣懷、李鴻章、劉坤一、鄭觀應等洋務派人物）前來格致書院命題，命題內容多為科技論說，也就是說，在格致書院讀書3年之後，不用寫八股文，只要能寫出成績優秀的科技論說文，洋務派官員和機構照樣為學生介紹工作。如此一來，「遠近應科士子，動輒數百人」。

從1895年開始，傅蘭雅還親自到格致書院講學，每週一次。到1896年，傅蘭雅在《北華捷報》上撰文稱，經過多年摸索，他在中國推行的科普工作已經初見成效，甚盼格致書院能「成為在中華帝國傳播西學的一個中心」。

格致書院之外，傅蘭雅還在上海創辦了格致書室和《格致彙編》，前者是一家科普書店，專門賣各種科普書籍，這也是西洋人在中國開設的第一家書店。《格致彙編》則是一份科普月刊，專門登載科技新聞，介紹西方最新科技知識。這份雜誌也是傅蘭雅自己翻譯、自己花錢印刷的。它前後持續7年，對普及西方科技起到了一些作用。梁啟超曾說：「格致彙編前後七年，皆言西人格致新理，多有出於所翻各書之外者，讀之可增益智慧，惜當時風氣未開，嗜之者終復無幾。聞傅蘭雅因譯此刊賠墊數千金云。中國欲為推廣民智起見，必宜重興此舉矣。」

梁啟超所言「惜當時風氣未開，嗜之者終復無幾」，道出了當時之國情。傅蘭雅來華之後的絕大多數時間都在洋務派創辦的江南製造局翻譯館工作。洋務運動雖力推西學，但無奈國家封閉已久，

第三輯

國人頭腦很難一下子轉過來。洋務運動失敗之後，傅蘭雅稱他在中國的經歷為「南柯一夢」。於是，在江南製造局翻譯館工作了28年之後，傅蘭雅接受美國加利福尼亞大學的聘請，出任該校東方語言文學教授，於1896年從中國啟程奔赴美國。

當然，傅蘭雅不會忘記中國。1901年，中國北洋大學派出9名學生赴美留學，特聘傅蘭雅為這批留學生的監督。此外，傅蘭雅還受美國教育部委託，在1909年用英文編寫了一本《接納中國留學生留學美國章程》，內容包括美國的大學制度、中國學生在美國的留學狀況、對中國留美學生的建議和忠告等。

四

黃炎培先生自傳《八十年來》中，有一段與傅蘭雅有關的記載——

我在1915年到美國訪問期間，在三藩市街道電車上，我於人叢中偶然開一聲口，一位美國老翁擠上來和我握手，用中國話表示歡迎，說：「有事奉商，歡迎先生到我家談。」我隨老人去，他自稱名傅蘭雅，在中國擔任翻譯物理、化學幾十年了。我回憶他就是上海江南製造局老輩翻譯格致書籍的。那時不稱理化，稱格致，我初學還讀過他所譯的書。傅蘭雅對我說：「我幾十年生活，全靠中國人民養我。我必須想一個辦法報答中國人民。我看，中國學校一種一種都辦起來了。有一種殘疾人最苦，中國還沒有這種學校，就是盲童學校，因此我預命我的兒子專門學習盲童教育，現在他已畢業

了，先生能否幫助帶他到中國去辦一盲童學校？」這一席話
使我大受感動。後來我幫助傅蘭雅在上海曹家渡辦成一盲童
學校，他兒子傅步蘭當校長，教授盲童習字、手工，如製籐
椅、織毛衣等等。

　　黃炎培先生所記，說的是傅蘭雅先生晚年致力於中國盲童教育
之事。傅蘭雅關心中國盲童，以私人名義捐出6萬兩白銀，先在上
海創辦了一所盲童學校，後又捐款在漢口建一所盲女學校，這是中
國的第一所盲女學校，1928年，他又送兒子傅步蘭到上海開辦第二
所盲女學校。就在送兒子去中國不久，傅蘭雅先生在美國去世了，
享年90歲。僅以老人家晚年的這種慈悲情懷而論，他也值得中國人
銘記，懷念。

第三輯

第四輯

報刊與傳播

馬禮遜與《察世俗每月統記傳》

馬禮遜其人

1807年9月8日，經過近4個月的長途跋涉，一個叫馬禮遜的英國人以美國商人的身份來到了中國廣州。馬禮遜（1782－1834）是第一位來華的基督教（新教）傳教士，他祖籍蘇格蘭，父母均是基督教信徒，他自幼受宗教薰陶，15歲就受洗，21歲時進入神學院學習，成為了倫敦佈道會的教徒。他於1804年上書佈道會，要求派他到「困難最多」的中國傳教。教會接受了他的請求，封他為牧師。在經過了3年的準備之後，他終於來到了中國。

當時的中國顯然不利於傳教。清朝自雍正以後就嚴禁傳教士在中國活動，如果馬禮遜的傳教士身份被清廷識破，等待他的將是「殺無赦」。為了以防萬一，馬禮遜來華隨身攜帶毒藥，一旦被識破身份，他就打算像間諜一樣服毒自殺。

當時的中國正處在封建專制社會的晚期，清朝採取閉關鎖國的政策，自給自足的自然經濟佔主導地位，東南沿海地區資本主義經濟萌芽十分脆弱。

在歐洲，工業革命興起之後，資本迫切需要四處尋找海外市場，以基督教為核心的西方文化急劇擴張，想儘快將上帝的福音傳到世界各地。清朝只在廣州一處通商，更是嚴禁基督教活動。但是，經過歐洲宗教改革運動之後的西方基督教新教，還是決定派遣

傳教士來中國傳播上帝的福音。馬禮遜正是在這樣的時代背景下來華的。

　　本來，馬禮遜應搭乘英國東印度公司廣州商館的商船來華，但該公司害怕觸犯清朝的禁令拒絕了馬禮遜的請求。無奈之下，馬禮遜只好求美國商人幫忙，最後，在美國商人的幫助下，他才得以美國商人的身份來到了中國。

　　因為害怕傳教士的身份暴露，馬禮遜剛到廣州時十分小心，終日過著提心吊膽的生活，他足不出戶，異常刻苦地學習中文。只有到有月亮的晚上，才會在一兩位朋友的陪伴下到田野裏去散散步。為了便於和中國人打交道，他把指甲養得長長的，穿上中國長袍，背後還拖著一條長長的辮子。

　　就這樣，馬禮遜在廣州的美國商館隱居了一年多，期間由美國商館供給他食宿，並為他秘密聘請了一位中文老師。

　　馬禮遜閉門讀書，中文進步很快。一年之後，他隨美商到了澳門，開始以英國東印度公司翻譯的身份公開活動。就在這一年，馬禮遜與東印度公司一位高級職員的女兒瑪麗‧摩頓小姐結婚。

　　經過兩三年的刻苦學習，馬禮遜熟練地掌握了中文，他不僅學會了粵語，而且還能操一口流利的中國官話，用中文閱讀和寫作亦不在話下，他開始翻譯《聖經》和編纂《華英詞典》。他的這項工作受到了英國教會組織和商人的支援，他的中文老師任光明也給了他很大的幫助。為了秘密傳教，馬禮遜還編寫了《神道論贖救世總說真本》、《聖經節選》等宣傳基督教教義的小冊子。

　　在翻譯《聖經》和秘密傳教的過程中，馬禮遜萌生了創辦基督教報刊的想法。其一，在英國，宗教報刊已經有很長的歷史了，而當時的中國卻沒有這樣的報刊（其他報刊也沒有）；其二，中國的

方言很多，彼此差異甚大，傳教士僅靠口頭傳教非常不便。可中國的文字卻是統一的，各地的人都能讀懂，傳播效果較好。

可是，創辦基督教報刊在當時亦屬於清朝嚴禁之事。清朝在1810年的一份御旨中說：「如有洋人秘密印刷書籍，或設計傳教機關，希圖惑眾，及有滿漢等人受洋人委派，傳揚其教，及改稱名字，擾亂治安者，應嚴為防範，為首者立斬。」

但是，傳播上帝「福音」的強烈願望戰勝了對清朝禁令的威懾，馬禮遜決定再次冒險。他在1810年以重金印出了《新約》中的《使徒行傳》部分。為避免清廷的注意，他給這些小冊子用了假封面。就在聯繫出版的過程中，馬禮遜結識了一批為他服務的刻字工人，這些人日後不但成了他的信徒，而且還是創辦報刊的得力助手。這些刻字工人分別是蔡盧興、蔡亞興、蔡嚴高和梁發等，後來，蔡嚴高成了中國第一個基督教（新教）信徒，梁發成了中國第一個本土傳教士。梁發在1832年編印的《勸世良言》一書對洪秀全影響很大，是洪秀全認識基督教的啟蒙教材。

1813年，教會又派來另一位傳教士米憐協助馬禮遜。經過一段時間的觀察，馬禮遜和米憐都認識到，因清朝有嚴格的禁令，要在澳門或廣州創辦旨在傳教的中文報刊是萬萬不可的。經反覆考察之後，兩人決定將出版基地設在麻六甲。麻六甲當時隸屬荷蘭，荷蘭當局支持他們創辦中文報刊。同時麻六甲離廣州很近，與南洋群島的交通也很便捷。

1815年8月5日，馬禮遜和米憐在麻六甲創辦了第一個中文近代報刊——《察世俗每月統記傳》。傳教士報刊的大幕就此拉開，中國新聞史也就此掀開了新的一頁。在此之前，中國人從未創辦報刊，也不知道世界上還有辦報紙、編雜誌這樣的職業。在馬禮遜、米憐之後，西方傳教士紛紛來到中國，他們在傳教之餘創辦了大量

的中文報刊。正是在這些傳教士報刊的刺激和啟發之下，中國人學會了創辦報刊。

馬禮遜和米憐這兩位傳教士，因創辦這份報刊及進行傳教活動而成了新教在中國的奠基者，對中國人來說，馬禮遜和米憐則成了中國報刊史上無論如何也繞不開的兩個名字。

《察世俗每月統記傳》

《察世俗每月統記傳》是第一份中文近代報刊，也是傳教士創辦的以中國人為宣傳物件的報刊。它是月刊，雕版印刷，中國書本樣式。

《察世俗每月統記傳》的內容主要分為三部分。首先是宗教，這個刊物是一個宗教色彩很濃的報刊，宣稱「以闡發基督教教義為根本要務」。因此，它的首要內容就是基督教。馬禮遜剛剛譯成中文的《新約》、馬禮遜和米憐合譯的《舊約》成了《察世俗每月統記傳》的主要內容。該刊還很注重「講經」，闢有專欄「聖經節注」，對《聖經》中的名言警句進行闡發。此外，它還大量刊載《聖經》故事，通俗地宣傳基督教教義。

其次為道德倫理方面的說教。為了讓中國接受基督教，該刊不但大量引用儒家經典的句子，而且也宣傳儒家提倡的「仁愛」、「恕道」、「忠孝」，這類文章有〈論仁〉、〈仁義之心人皆有之〉、〈古皇恕人〉、〈己所不欲，勿施於人〉、〈忠人難得〉、〈不忠受刑〉、〈父子親〉、〈夫婦順〉、〈論知足〉等。在馬禮遜和米憐等人看來，中國儒家的這些優良的道德也是上帝意識的體現，能遵守這些道德原則，就會得到善報，反之就會遭到上帝的懲罰。

　　其三為科學知識。從第二卷起，《察世俗每月統記傳》先後發表了〈論行星〉、〈論侍星〉（即衛星）、〈論地為行星〉、〈論月〉、〈論彗星〉、〈論日食〉、〈論月食〉等文章，比較系統地介紹了現代天文學知識，還附有說明地球自傳、日食、月食的插圖。馬禮遜、米憐等人通過宣傳這些天文學知識，批評了當時中國民間流傳的「天狗吃月亮」、日食月食為凶兆等迷信思想。這種宣傳無疑具有積極意義。但是，傳教士報刊的特點又決定了它不可能離開宗教去單純地談科學，他們強調，自然界的這些現象都是神賦予的，「若神一少頃取去其全能之手不承當宇宙，則日必不復發光，天必不復下雨，川必不復流下」。因為在傳教士看來，科學永遠是宗教的婢女，是為宗教服務的。宣傳科學的最終目的，正是為了讓人們相信神力無邊，從而皈依上帝。

　　其四為世界地理和歷史。《察世俗每月統記傳》從第六卷開始增闢「全地各國紀略」專欄，介紹歐洲、亞洲、美洲、非洲各國的地理及歷史，還發表文章評論法國大革命，對波旁王朝持同情態度。此外，還發表文章評述中英貿易，並提到了特別敏感的鴉片貿易問題，認為鴉片貿易是「不道德的」。這表明，《察世俗每月統記傳》在後期也開始逐漸關注時政，但這部分內容很少，所以總體而言，《察世俗每月統記傳》還是一份基督教報刊。

　　馬禮遜和米憐很清楚，要使廣大的中國讀者一下子接受基督教義是不可能的，所以他們採取了「舊瓶裝新酒」的辦法來宣傳宗教思想。用米憐的話來說就是：「對於這些對我們的主旨尚不能很好理解的人們，讓中國哲學家出來說話會收到好的效果。」於是，《察世俗每月統記傳》在封面上印有「子曰：多聞，擇其善者而從之」的句子；在內文中也大量引用「四書」、「五經」中的話來闡釋基督教義。出於同樣的考慮，馬禮遜、米憐給刊物起名也避開與

基督教的關係，選擇了中國人更易於接受的「察世俗」的說法。對於刊名，他們這樣解釋——

> 無中生有者，乃神也。神乃一，自然而然。當始神創造天地人萬物，此乃根本之道理。……既然萬處萬人皆由神而被造化，自然學者不可止察一所地方之各物，單問一種人之風俗，乃需勤問及萬世萬處之人，方可比較辨明是非真假矣。一種人全是，抑一種人全非，未之有也。似乎一所地方，未有各物皆頂好的，那處皆至臭的。論人論理，亦是一般。這處有人好歹智愚，那處亦然。所以要進學者，不可不察萬有，後辨明其是非矣。總無未察而能審明之理。所以學者要勤考察世俗人道，致可能分是非善惡也。

在這段話中，傳教士勸勉中國人：只有考察「萬有」，「問及萬世萬處之人，方可比較辨明是非真假矣」。針對閉關鎖國的「大清帝國」，這樣的勸告是非常中肯的。可惜的是，當時能明白「外人」良苦用心的國人並不多。

在寫作風格上，《察世俗每月統記傳》摒棄了文言體，大量採用中國章回小說慣用的白話體，連載稿件在每次結束時都會加上一句「欲知後事如何，且看下回分解」。之所以這樣做，是因為馬禮遜、米憐等人以旁觀者的姿態看到了中國古文的弱點。在翻譯《聖經》時，有人主張用古文，但馬禮遜堅持用當時最淺白的文字，他說：「中國有學問的人以為，凡可尊重的書籍，當以深奧的古文寫出，而不當以白話寫成，一如歐洲中古學者必用拉丁文一樣。朱子寫其理學，始別開生面，用語錄體。因為新的觀念的傳達，誠不如

用淺白文字為宜，若採用深奧艱澀的文體翻譯《聖經》，以取悅於一般的學者，或以炫耀自己的文才，是無異於埃及的祭祀寫出的象形文字，除卻他們自己或少數人可會意之外，真是難索解人。……我寧願採用易認易解的通俗字，而捨棄深奧罕見的經典字；我寧願被人視為俚俗不雅，而不願令人難讀難解。」在創辦中文報刊時，馬禮遜和米憐再次貫徹了使用「淺白」中文的原則。報刊上的文章均用淺顯的中文寫出，以便於普通百姓閱讀。這實在是開了個好頭。中國後來的報刊一直採用通俗曉暢的文風，就繼承了馬禮遜、米憐等人開創的報刊傳統。

　　為了向中國的底層民眾傳播基督教思想，米憐還親自創作了小說《張遠兩友相論》。《張遠兩友相論》是第一部公開發行的傳教士中文小說，米憐模仿中國傳統章回小說的體例來宣傳基督教教義，迎合了中國讀者的閱讀與審美習慣，閃現著作者對中國文化、民間習俗的觀察與思考。當然，這部小說也融入了西方的思想觀念、小說技巧與語言表達方式，二者的結合帶給了讀者獨特的審美體驗。這部書開創了傳教士利用小說宣傳教義的先河，此後，傳教士中文小說一度風行，對中國小說由古典到現代的過渡起了推波助瀾的作用。

　　《張遠兩友相論》這部小說的背景設置在中國，張與遠是好友，張是虔誠的教徒，遠則對聖教蒙昧無知。二人偶然在路上相遇談起耶穌教。此後遠常常拜訪張，請他解答教義上的疑惑。二人在夜晚的梧桐樹下進行了一系列對話，遠被說服，最終也成了一名信徒。

　　書中張與遠的對話實際上是中西文化之間的碰撞與交鋒。但二者的話語權並不平等。身為基督徒的張能言善辯，滔滔不絕，而遠則懵懂無知，即便偶爾對張的說法表示異議，也很快就被他說服。但米憐顯然是一個耐心的、善於觀察和傾聽不同聲音的佈道者。他身上沒

有強加於人的霸氣，而是時時留意中國本土文化，在對比中說服、勸誘。他習慣用中國人熟悉的日常生活來說明問題，喚起讀者的親切感和認同感。如第八回寫到元宵節鬧花燈、初一十五祭神拜祖，第四回用讀書人寒窗苦讀以望做秀才、中舉人、升雲梯來說明天上的事與地上的事二者的關係，告誡讀者不能只看眼前，還要考慮身後事。行文中時常引用中國古訓，如「古云：『一日不念善，諸惡悉皆生』」（第五回）、「古者曾云：『惡有惡報』」（第十回）。

　　需要特別指出的是，中國近代報刊史上的第一條消息亦出自《察世俗每月統記傳》，這是一則關於月食預告的消息，全文如下——

月食

　　照查天文，推算今年十一月十六日晚上該有月食。始蝕於酉時約六刻，復原於亥時約初刻之間。若此晚天色晴朗，呷地（即麻六甲）諸人俱可見之。

　　這篇短稿只有59個字，非常簡練，符合新聞資訊的特點，歷來被認為是第一條中文消息。

馬禮遜的後半生

　　《察世俗每月統記傳》創辦後，馬禮遜將主要的編務工作交給了米憐。他自己則從事傳教、編輯《華英字典》、創辦英華書院

的工作，同時還一度充當中英兩國間談判的英方翻譯。因為成就卓著，馬禮遜受到了英國國王的嘉獎。

1824年，馬禮巡迴英國休假，英王喬治四世接見了他。他向英王呈現了一部自己翻譯的中文版《聖經》和一幅北京地圖。馬禮遜向英王彙報了他在中國17年間的工作和瞭解到的情況。英王通過大臣傳旨：「對這位紳士卓越的工作表示國王高度的嘉獎。」

這次回國，馬禮遜帶回了從中國蒐集到的一萬餘冊漢文書籍，並將其捐給了倫敦大學圖書館。倫敦傳教會選舉馬禮遜為委員，並請他到各地教堂演講，報告他為在中國傳教所做的奠基性的工作。英國格拉斯哥大學早在1817年就授予馬禮遜神學博士學位，這次又吸收馬禮遜為英國皇家學會成員。

1834年，英國政府取消了東印度公司對華貿易的壟斷權，任命律勞卑為第一任駐華商務總監，馬禮遜亦由東印度公司的高級職員轉為律勞卑的秘書和翻譯，身著副領事的官服，綴上皇家的領口。可惜的是，馬禮遜就職17天後即因病（發高燒）去世，享年52歲。

發行及作者

《察世俗每月統記傳》創刊之初印刷500本，至1819年增印到一千本，後來又增印到二千本。這本雜誌免費贈閱，當地人可於每月的初一至初四間到米憐處領取，外地華人需要，函索即贈。更多的時候是「借友人通信、遊歷、船舶之便，以傳佈於南洋群島、暹羅、安南等華僑薈萃之區，而中國境內亦時有輸入」（米憐《基督教在華最初十年之回顧》）。戈公振在《中國報學史》中談到《察世俗每月統記傳》的發行時稱：「每逢粵省縣試、府試與鄉試時，由梁發攜往考棚，與宗教書籍一同分送。」

　　《察世俗每月統記傳》上刊出的稿子均沒有署名，所以很難確定每篇稿件的撰稿人，但其刊物的主要作者為米憐、馬禮遜、麥都思和梁發等人。刊物創辦後，米憐一直負責具體的編務工作。

　　米憐於1785年出生於蘇格蘭，他6歲喪父，家境貧寒，只是從母親那裏接受了最初的教育。16歲的時候，米憐受洗入教，立志獻身於基督教傳教事業。到麻六甲後，他除了編輯《察世俗每月統記傳》，還積極從事傳教工作，他曾以教會的名義創辦了著名的英華書院。此外，他還於1817年創辦了一份英文季刊《印度支那彙刊》，刊載中國及鄰國的時政、歷史及基督教傳教情況等。1819年，英國格拉斯哥大學授予米憐神學博士學位。

　　但是，繁重的工作嚴重地影響了米憐的健康，他的妻子和兩個孩子的去世更加重了他的病情。1821年，米憐肺病加重，《察世俗每月統記傳》被迫停刊，1822年，只有37歲的米憐病逝。

　　米憐去世後，曾協助他工作的另一傳教士麥都思於1823年在巴達維亞（今雅加達）創辦了中文報刊《特選撮要每月記傳》。它實際上是《察世俗每月統記傳》的續刊。麥都思（1796－1856）是英國倫敦人，15歲即從事書刊印刷工作，1817年由倫敦佈道會派遣至東方傳教，他於1818年抵達麻六甲，協助米憐進行傳教和編輯工作。米憐去世後，他成了倫敦佈道會在東南亞地區的主要人物。

　　麥都思在《特選撮要每月記傳》的發刊詞中說：「夫從前至現在，已有七年，在嗎啦呷（麻六甲）曾印一書出來，大有益於世，因多論各種道理，惜哉，作文者已過世，故不復印其書也。此書名叫《察世俗每月統記傳》。……弟要成老兄之德業，繼修其功，而作文印書，亦欲利及後世也。又欲使人有所感，發其善心，而遏去其欲也。弟如今繼續此察世俗書，則易其書名，且叫《特選撮要每月記傳》。此書名雖改，而理仍舊矣。」

　　《特選撮要每月記傳》於1826年停刊。到了1828年，倫敦佈道會的傳教士紀德又創辦了一家中文報刊《天下新聞》。《天下新聞》主要刊登歐洲和中國的新聞，宗教內容退居到了次要地位。但它的主要突破在形式上，它改書本樣式為散頁，並採用活字印刷，因而變得更像現代報紙了。《天下新聞》只出版一年就停刊了，主編紀德於1832年返回英國，後來出任倫敦大學第一位中國語言文學教授。

　　從《察世俗每月統記傳》到《特選撮要每月記傳》，再到《天下新聞》，這一階段是傳教士創辦中文報刊的初創期。這一階段的中文報刊均由倫敦佈道會的傳教士創辦，受清朝禁令的限制，這些報刊的創辦地均在海外（麻六甲和巴達維亞），但其報刊的流佈已達中國本土。

　　很快，傳教士報刊就將正式登陸中國內地，一步步地改變中國的文化生態。

第四輯

郭士立和《東西洋考每月統記傳》

《東西洋考每月統記傳》的創刊背景

　　《東西洋考每月統記傳》於1833年8月1日在廣州創刊,它是在中國境內出版的第一份中文近代報刊。按照清廷的規定,這種傳教士報刊是不准在中國境內出版的,可是,《東西洋考每月統記傳》在廣州出版了兩年多竟然未遭任何干涉。其原因在於,當時的清廷已經十分腐敗,官場賄賂成風,只要肯於「用錢開路」,清廷的很多政策、法規形同虛設。而《東西洋考每月統記傳》的創辦者郭士立又恰恰是一位賄賂高手。兩個因素結合在一起,竟使這份傳教士報刊成了最先突破清廷「報禁」的先驅。

　　郭士立(1803－1851)出生於普魯士東邊的小鎮普立茲,他小時候當過銅匠學徒,學過航海知識,讀過阿拉伯文和土耳其文,曾被普魯士擬派駐君士坦丁堡使館。1826年,郭士立在荷蘭神學院畢業,被封為牧師,由荷蘭佈道會信賢會派遣到東方荷屬殖民地,在爪哇、暹羅等地傳教。在傳教的過程中,他學習了中文。1829年,郭士立脫離荷蘭佈道會,成為一個獨立活動的傳教士。1831年,郭士立開始到中國沿海活動。為了便於傳教及其他活動,郭士立穿起中國人的服裝,講華語,並認一位郭姓華僑為義父,正是從這時起,他自稱「郭士立」。

　　此時,中國與西方國家的交往情況已非馬禮遜、米憐來華時可比。在馬禮遜、米憐等人初來華之際,中英關係還畢竟平靜。但

自19世紀20年代起，英國向中國運送鴉片的行為日益猖獗，1820年至1824年，英國平均每年向中國輸入鴉片1889箱，到1830年至1834年，英國每年平均向中國運送鴉片20331箱。鴉片貿易問題逐漸成了中英關係的一個敏感問題。與此同時，馬禮遜、米憐等人來華之際，外國人來華的數量還不多，只在廣州一地經商，而且一到春天即離去。可是，到了19世紀30年代，外國人來華數量激增，他們除了經商外，還在廣州擁有了一所禮拜堂、三處印刷所、幾處福利院和幾家保險公司。這些外國人迫切希望打破清朝閉關鎖國的政策限制，與中國人進行自由的貿易交往及其他活動。為此目的，外國商人在廣州建立了各類商會。1830年秋，英美傳教士在廣州組建了「基督教聯合教會」，同年還成立了「中國海員教友會」，傳教士們也出現了聯合起來的傾向。

　　有了「人多勢眾」的背景，外國商人和傳教士此時便敢於挑戰清廷的法令，他們參與偷運鴉片、蒐集情報等非法活動。郭士立就曾在1831年至1833年間三次乘船竄至中國沿海刺探軍事、經濟情報。他說：「我誠懇地期望，應該採取某些更為有效的措施，以打開和中國自由交往的通道。我如能竭盡微力，為推進這一事業做些有益的工作，我將感到莫大榮幸。」

　　正是在這樣的大背景下，郭士立於1833年8月在廣州創辦中文《東西洋考每月統記傳》。關於創辦這份報刊的初衷，郭士立在1833年6月的一份創刊意見書（類似於現在的策劃文案）中說——

　　　　當文明幾乎在地球各處取得迅速進步，並超越無知與謬誤之時（即使排斥異見的印度人也開始用他們自己的語言出版若干期刊），唯獨中國人卻一如既往，依然故我。雖然我們與

他們長久交往，他們仍自稱為天下諸民族之首尊，並視所有
其他民族為「蠻夷」。如此妄自尊大嚴重影響到廣州的外國
居民利益以及他們與中國人的交往。

本月刊現由廣州和澳門的外國社會提供贊助，其出版是為了
使中國人獲知我們的技藝、科學和道義，從而清除他們那種
高傲和排外的觀念。刊物不必談論政治，也不必在任何方面
使用粗魯的語言去激怒他們。這裏有一個較為巧妙地表明我
們並非『蠻夷』的途徑，這就是編者採用展示事實的方法，
讓中國人相信，他們仍有許多東西要學。同時，編者還應致
力於增進外國人和當地有影響的人士之間的友誼……

　　在《東西洋考每月統記傳》第一期的〈序〉（即發刊詞）中，
郭士立撰文稱——

　　夫誠恐因遠人（指辦刊者）以漢話闡發文藝，人多奇巧（蹊
　　蹺）。卻可恨該人（指懷疑辦刊之人）不思宗族國民之猶水之
　　有分派，木之有分枝，雖遠近異勢，疏密異形，要其水源則
　　一。故人之待其宗族、列國民須以友恤也。必如身之有四肢百
　　體，務使血脈相通，而痾癢相關。萬姓雖性剛柔緩急，音聲不
　　同，卻萬民出祖宗一人之身。子曰：四海之內皆兄弟也。是聖
　　人之言不可棄之言者也，其結外中之綱繆。倘子視外國與中國
　　人當兄弟也，請善讀者仰體焉，不輕忽遠人之文矣。

　　可見，郭士立創辦《東西洋考每月統記傳》的主要目的就是要
破除中國人心中的「華夷之別」，為外國人「正名」，通過向中國

人介紹西方文明，使中國人接納外國人，從而拓展外國人與中國人進行各種交往的文化空間。

以儒學引西學的策略

　　為了便於中國人接受他所創辦的刊物，郭立士在編纂《東西洋考每月統記傳》時特意署名「愛漢者」，刊物的形式也像《察世俗每月統記傳》一樣，採用中國的書本版式，報刊的期號也用中國的紀年方法，如「道光戊戌年七月號」。

　　需要說明的是，在辦刊之前，郭士立就對中國讀者的心理狀態做了調查分析。他認識到，中國當時的知識份子奉孔孟之道為圭臬，自幼熟讀四書五經，言必稱孔孟。為適應這種情況，郭士立在編輯《東西洋考每月統記傳》時，從封面到文章內容，均大量引用孔孟語錄，以便於中國知識份子接受其觀點。這份刊物一共出版39期，幾乎每期的封面必登一條儒家經典語錄。從創刊號開始，依次為：「人無遠慮，必有近憂。」「皇天無親，唯德是依。」「好問則裕，自用則小。」「德者，性之端也；藝者，德之華也。」「儒者博學而不窮，篤行而不倦。」「子曰：唯君子能好其正，小人毒其正。」「子曰：亦各言其志也已矣。」「四海為家，萬姓為子。」「知者不惑，仁者不憂，勇者不懼。」「遏惡揚善、推多取少。」「不知禮義，而與閭閻鄙俚同其習見，而不知為非者多矣。」「飽食暖衣逸居而無教，則近於禽獸。」「仁，宅也；義，路也；禮，服也；智，獨也；信，符也。」「推古驗今，所以不惑；欲知未來，先察已往。」「好勇不好學，其蔽也亂；好剛不好學，其蔽也狂。」「形勢不如德論。」「教子孫兩行正路，唯讀唯耕。」「孟子曰：存其心養其性，所以事天也。」「孟子曰：非禮

之禮，非義之義，大人弗為。」「詩云：民之好，好之；民之所惡，惡之。」「道者，須臾不可離也。」

此外，《東西洋考每月統記傳》還開闢不少評論專欄，如「序」、「論」、「敘說」、「煞語」。這類文章不論觀點如何，大都言必「子曰詩云」。如創刊號的「序」，為了勸說中國人看這本雜誌，一開始就說：「子曰：多聞闕疑，慎言其餘，則寡尤；多見闕殆，慎行其餘，則寡悔。祿在其中矣。亦曰：多聞，擇其善者而從之，故必遍覽而詳核也。」又如該刊丁酉年十二月號「訣言」：「此東西洋考，書內述有各樣事情，可以廣覽見聞。察之足以明理而開人心，如燈之能照於暗室也。蓋獨學無友，則孤陋寡聞，但學如不及，猶恐失之。好仁不好學，其蔽也愚；好智不好學，其蔽也蕩；好信不好學，其蔽也賊；好直不好學，其蔽也絞；好勇不好學，其蔽也亂；好剛不好學，其蔽也狂。爾看東西洋考一年統記傳，勿謂今年不學，尚有來年。今日不學，俟諸異日。豈知日月逝矣，歲不與我。嗚呼，及其老也，是誰之愆哉！」這篇〈歲末寄語〉一口氣引了如此多的儒家之言，誠可謂用心良苦。

《東西洋考每月統記傳》的內容

在內容上，《東西洋考每月統記傳》雖然仍是宗教刊物，但宗教和道德內容已退居次要地位，而更多地宣傳中西方人士之間該如何交往，比如，中國人與外國人做生意要講究公平、誠實，對外國人要以禮相待，不能稱他們為「蠻夷」。該刊第三期卷首有一篇「論」，即是為外國「夷」人正名的言論——

夫蠻狄羌夷之名等，指殘虐性情之民。蘇東坡曰：夷狄不可以中國之治治也。且天下之門有三矣：有禽門焉，有人門焉，有聖門焉是也。由於情欲者，入自禽門者也。由於禮義者，入自人門者也。由於獨知者，入自聖門者也。夫遠客知禮行義，何可稱之夷人？比較之與禽獸待之如外夷。嗚呼！遠其錯乎！何其謬論者歟！懷柔遠客，是貴國民人之規矩，是以莫若稱之「遠客」或「西洋」、「西方」或「外國人」，或以各國之名。

　　另外，郭士立還假託中國人之口，刊登他們在國外的見聞來稱道西方文明，以破除中國人視外國人為「蠻夷」的觀念。如〈子外寄父〉一文，描寫兒子在環球航行中所見世界之大、天地之廣。他寫信給父親說，中國不過是地球上的一國，外國的領土並不都比中國小，外國人「聰明通竅，身曉才藝，何可以為夷者乎」！再如〈侄外奉姑書〉一文，用中國侄女在英國首都倫敦的親身感受給姑媽寫信，描寫了那裏的男女從小平等，女嬰與男孩一樣備受愛護，無溺女之陋習，女孩長大後在文學館學習，長輩們不禁朋友間來往，成婚也不須「媒妁之言」，而是自由戀愛，成家之後夫妻「相愛相慈」。〈蘭墩十詠〉則刊登一位旅居英國首都的中國人的詩：「海遙西北極，有國號英倫。地冷宜親火，樓高可摘星。山澤鍾靈秀，層巒展畫眉。賦人尊女貴，在地應坤滋。少女紅花臉，佳人白玉肌。由來情愛重，夫婦樂相依。」「兩岸分南北，三橋隔水通。舟船過胯下，人馬步雲中。富庶煙花地，人工鬥物華。帝城雙鳳闕，雲樹萬人家。公子馳車馬，佳人弋緞紗。六街花柳地，何處種桑麻？」

　　像許多傳教士報刊一樣,《東西洋考每月統記傳》很重視天文、地理等知識的傳播。它從創刊號起,連續11期刊載麥都思撰寫的《東西史記和合》。東史即中國史,從盤古開天地,到明朝晚期。西史是英國史,從上帝造天地,到英國哪耳慢朝。敘述的方法,上欄記東史,下欄敘西史,用對照的方法說明中國的歷史沿革「與西國略同」,世界各民族「本源為一」,「血脈相通」,中國人應該「視萬國當一家」,不要與其他國家相隔絕。為了接續《東西史記和合》中沒有論述的部分,郭士立又寫了《史記和合綱鑒》,補述清朝歷史和歐洲列國近代史。

　　在地理專欄裏,《東西洋考每月統記傳》沿著當時中國的交通海路,由近及遠地介紹了東南亞、南亞、歐洲等國的地理知識,並刊出了《東南洋並南洋圖》、《大清一統天下全圖》、《俄羅斯國通天下全圖》、《北痕都斯坦全圖》等地圖。

　　在科學技術方面,《東西洋考每月統記傳》著重介紹了當時西方的最新發明,如蒸汽機、輪船、火車等。在介紹蒸汽火車時寫道:「(英國人)駕火蒸車,一個小時走九十里,如鳥之飛。不用馬,不恃牛,任意飛跑。」「利圭普海口,隔曼者土特邑一百三十里路,因兩邑的交易甚多,其運貨之事不止,所以商賈等作平路,鑽山浚濠,建橋以推車之轉,作兩個鐵轆轤,備其路平坦,無上無下,及車輪非礙。欲用馬拖車,便也,其程甚慢。故用火蒸車,即蒸推其車之輪,將火蒸機縛車輿,載幾千擔貨,而那火蒸車自然拉之。二時之間,諸車走一百三十里路。」這段文字,用中國文言文介紹了蒸汽火車的行駛情況和運行原理,今日讀來不禁莞爾。

　　值得一提的是,《東西洋考每月統記傳》還特別介紹了西方國家報業的發展情況,其〈新聞紙略論〉一文說——

在西方各國，有最奇之事，乃係新聞紙篇也。此樣書紙乃先三百年初出於義打里亞國，因每張的價是小銅錢一文，小錢一文西語說「加西打」（Gazette），故以新聞紙名為「加西打」，即因此意也。後各國照樣成此篇紙，至此到處都有之，甚多也。唯初係官府自出示之，而國內所有不吉等事不肯引入之，後則各國人人自可告官而能得准印新聞紙，但間有要先送官看各張所載何意，不准理論百官之政事。又有不須如此，各可隨自意論諸事，但不犯律法之事也。其新聞紙有每日出一次的，有二日出一次的，有七日出一次的，其次則每月出一次也。其每月一次出者，亦有非紀新聞之事，乃論博學之文。於道光七年，在英吉利國核計有此書篇共四百八十多種，在米利堅國有八百餘種，在法蘭西各廠礦有四百九十種也。此三國為至多，而其理論各事更為隨意，於例無禁。然別國亦不少也。

　　這段文字簡要地介紹了西方報紙產生、發展和當前的現狀，還談及新聞自由的問題，層次井然，很有啟蒙意味。

　　通過前文的幾段引文，我們可以看出，郭士立是一位有著深厚中文功底的漢學家，他熱愛中國的古典文學，對中文很有研究，擅長用中文來表達西方思想。在1839年，他發表了一篇〈論中國語言〉的論文，其中說：「歐洲學者的一個重大缺點在於，他們總是給中文披上西方的外衣，……談論什麼單數、複數，現在、過去和將來時態，好像天朝的人研究過亞里斯多德和昆體良（西元1世紀的古羅馬修辭學家）一樣。」他還說，用這樣研究中文的方法去教西方人寫中文，結果使寫出來的中文，只有外國人自己能看懂，

中國人則難明其義。他指出正確的方法是「向中國人和中國文化學習，用中國人的語言來表達西方人的思想」。為了解決這個問題，郭士立曾寫了一部《中文語法札記》於1842年在巴達維亞出版。這本書分析了漢語的語音、語源、發音、字、詞，還分別研究了名詞、形容詞、代詞、數詞、動詞、副詞、介詞、連詞、助詞和感歎詞，並指出了特點。他還強調，大量的成語運用是中文的優美特徵。這些分析非常中肯，也是他自己學習、運用中文的寶貴心得。

可能是出於郭士立本人的偏愛，《東西洋考每月統記傳》在後期刊載了很多中國的古典詩詞，如有李白、蘇軾的詩歌及文章，增加了這份報刊的文學性。道光戊戌年七月號上卷首還刊登了一篇〈論詩〉，強調了詩的「六義」，雖然把「風、雅、頌、賦、比、興」的順序排列有錯，但要旨是正確的：「作詩者，蓋志之所之也，情動於中而形於言焉。」「以立意為宗，不以能文為本。」中國傳統古典詩賦，講究音韻對仗、言簡意賅，作為異質文化的西方人，能寫能論，駕馭漢語的能力達到如此地步，實屬罕見。此外，郭士立還譯介了希臘詩人荷馬的名篇《伊利亞特》。

在後期，《東西洋考每月統記傳》的論說文逐漸向書信體過渡。這種書信體比淺顯的文言文更加白話一些，形式也更加輕靈活潑。一篇論說文往往由數人對答完成，好似明清話本小說一般，有情節，有對話，論點層層展開，更易於讀者接受。

《東西洋考每月統記傳》的發行及影響

《東西洋考每月統記傳》的印刷和發行主要靠在廣州的外國人提供經費資助，所以印數不大。郭士立在該刊出版〈緣起〉中說：「本月刊現由廣州與澳門的外國社會（人士）提供贊助。由於此間外

國社會的全體成員在此工作順利進行方面具有共同利益，編纂者希望在他們中間發現足夠訂購數以支付費用；再說，至少數月之內，中國人本身必不能重視一種如此性質的出版物，因而可以立即期待於他們的只是少量的支持。」據資料顯示，初印創刊號600份，後來增至一千份。這份報刊出版後曾兩度停刊，1837年初由廣州遷至新加坡，改由「在華實用知識傳播會」主辦，該會的中文秘書郭士立、英文秘書馬儒翰（馬禮遜之子）同任編輯，1838年9月（道光戊戌年七月），《東西洋考每月統記傳》出版最後一期，宣告停刊。

　　《東西洋考每月統記傳》雖然發行量一直不多，但在中國近代新聞史上仍有其重要的價值。其一，它是在中國境內創辦的第一份傳教士中文報刊，反映了當時西方人想盡各種辦法要打破清廷閉關鎖國政策的強烈呼聲，對研究鴉片戰爭前夕的中外關係具有重要的參考價值；其二，《東西洋考每月統記傳》雖是傳教士報刊，但它對現實生活和時事政治表現出了濃厚的興趣，它所刊發的言論已經不再單純地闡述基督教義和道德倫理，而是用來回答現實問題，如中外貿易、中西交往等，這種貼近現實的傾向對報刊業務的現代化是一個有力的推動；其三，在寫作和編輯方面亦有不少突破和創新。《東西洋考每月統記傳》欄目豐富，設置講究。其中的欄目可大致分為四類，第一類是言論。如序、論、煞語、敘談、雜文、結尾語等。第二類是文章，有綜述、專文以及一般性記敘文。第三類是新聞，有世界新聞、中國新聞；細分還可有地理新聞、科技新聞、政治新聞、社會新聞、人物新聞、經濟新聞。第四類是文藝，有詩、賦、書信。這些欄目都是報刊的基本元素。它的示範作用在很大程度上影響了中國報刊的初期形態。在中國新聞傳播史上，辛亥革命以前的報紙和刊物尚沒有明顯的區別，真正的新聞紙還沒有產生。在這一漫長的歷史階段中，報刊大量刊載的是言論和文章，

新聞雖夾在其中，但遠不是主角。而《東西洋考每月統記傳》比較典型地體現了這一特點。其四，《東西洋考每月統記傳》開創了中文報刊刊登商業廣告的先河。它從道光甲午年正月號開始，連續5期專門開闢「市價篇」專頁，在期刊末尾逐期刊登「省城洋商與各國相交買賣各貨現時市價」，分「入口的貨」和「出口的貨」兩類。入口貨有蜜蠟、海參、冰片、鐵、乳香、洋米、銅、硝、魚翅等，出口貨有白礬、八角、銅箔、土絲、白糖和各類茶葉等。並標明每宗貨物的定價，還特意說明要隨行就市。這是中文報刊上最早的廣告，也是當時中國進出口貿易的晴雨表。

補記郭士立

創辦《東西洋考每月統記傳》的郭士立是一位傳教士，同時也是一位漢學家。他是一位語言天才，中文之外，他還懂德文、英文、荷蘭文、馬來文、泰文、日文。他在短短一生中留下各種文字著作85種，其中中文著作最多，共61種。他是19世紀上半葉中西文化交流的拓荒者之一。在辦《東西洋考每月統記傳》的同時，郭士立還用中文寫了《是非略論》一書，用中國民間話本的形式，假託李姓、陳姓二人辯論英人是否「番鬼夷人」，說明了「華夏皇帝雖重，外邦君德亦隆」的道理。

1838年，郭士立還在倫敦出版了《開放的中國——中華帝國概述》一書，這是清代中國社會狀況的小型百科全書。它記載了中國疆域和行政區的演變歷史、地理人口、自然物產、傳統文化、科舉制度、風俗習慣、科技工藝、語言文化等，是他十餘年漢學研究成果的集中展示。鴉片戰爭後，中國道光皇帝逝世，郭士立在很短的時間裏就寫出了《道光皇帝傳》，這部書雖對道光皇帝的記述不盡真實，對

鴉片戰爭中清廷內部主和主戰兩派的評價尤欠公允，但是，它對道光年間中國社會的歷史資料涉獵頗豐，有相當的史料價值。

作為傳教士，郭士立還翻譯過《聖經》，他的《新約聖經》曾被太平天國採用過。1844年，郭士立在香港成立「漢會」（福漢會）組織，招募華人向中國內地散佈傳教宣傳品。1849年，他回歐洲度假，在英國成立中國福音會，準備與香港漢會合作，深入中國內地傳教。他還到荷蘭、俄國、瑞典、奧地利、法國、義大利等國講演，希望實現「全中國的基督化」。1851年2月，他返回香港，在港英政府當翻譯。同年8月9日，突然發病逝世，終年48歲。

傳教士報刊的非宗教化傾向

《遐邇貫珍》 香港的第一份中文月刊

《遐邇貫珍》創刊於1853年9月3日（清咸豐三年八月初一），是由英華書院和馬禮遜教育會在香港共同出版的一份中文月刊，主編先後由麥都思、奚禮爾、理雅各擔任。

《遐邇貫珍》的辦刊經費，一部分來自馬禮遜教育會，一部分來自在華、英、美人士的捐款。《遐邇貫珍》的創刊號清楚地說明了這份刊物的發行情況：「茲將貫珍第一號由本館著人分派致送，以後每月各號凡欲取悅者，在港英華書院、廣東省金利華合信醫生、上海墨海書館等處自行檢取，較為簡便。」上文提到的3個刊物檢取處其時正是倫敦傳道會在香港、廣州和上海的3個宣教站。

作為傳教士報刊，《遐邇貫珍》的辦刊宗旨與《察世俗每月統記傳》、《東西洋考每月統記傳》等是一脈相承的。它載文稱：「蓋欲從得事物之顛末，而知其是非，並得識世事之變遷，而贈其聞見，無非為華夏格物致知之一助。」

《遐邇貫珍》的內容包括新聞、言論、知識性文章、商業行情、航運班次等。與此前的傳教士報刊相比，它的最大特點就是重視新聞。以前的傳教士報刊，所載新聞不過寥寥數條，最多也不過10條，而《遐邇貫珍》每期都刊有20條左右的新聞，多的時候甚至達到40條；以前的中文報刊所載新聞多為從外國報刊翻譯過來的國際新聞，而《遐邇貫珍》所載則多為國內新聞，其地區除香港、廣

州外，還波及全國諸多的市、縣，內容也涉及軍事、中外交涉、市政建設等諸多領域。

特別值得一提的是，《遐邇貫珍》刊載了大量有關太平天國的報導。刊物創刊之始，就對太平天國的早期活動進行了追溯性介紹，以後逐期刊登有關太平天國的消息。它的這些新聞報導，成了後人研究太平天國運動的重要史料。

還需要說明的是，《遐邇貫珍》是第一家用鉛活字印刷的中文報刊，從而結束了中文報刊雕版印刷的時代。

1856年5月，在出至第33號時，《遐邇貫珍》宣佈停刊，停刊的主要原因是「辦理之人，事務紛繁，不暇旁及此舉耳」。當時的主編是理雅各，他正忙於中國儒家經典的研究和翻譯工作。日後，理雅各憑著對中國經典著作的研究和翻譯而蜚聲世界，成了著名的漢學家。

《六合叢談》　上海第一家傳教士報刊

《六合叢談》創刊於1857年1月26日，是上海第一家傳教士報刊，也是上海的第一家中文報刊，由英國倫敦傳教會的傳教士麥都思在上海創辦的墨海書館負責印刷出版，每月出版一冊。它的主編是英國倫敦傳教會傳教士亞歷山大・偉烈亞力。

墨海書館本來是英國倫敦傳教會設在南洋巴達維亞的一個印刷所，由英國傳教士麥都思負責。中英《南京條約》簽訂後，麥都思於1843年從南洋來到上海傳教，遂將該印刷所一併遷來，定名為墨海書館，這是西方人在中國開辦的第一個現代化的印刷出版機構。書館創辦後，麥都思先後聘請英國傳教士偉烈亞力、艾約瑟以及中國學者王韜、李善蘭、張福僖、管嗣復、蔣敦復等任編輯，一邊翻

譯印刷《聖經》以及其他宗教小冊子，一邊有機會地印刷出版西方科技文化書籍。

　　《六合叢談》不是一份純粹的宗教月刊，而是一份綜合性的刊物。《六合叢談》的序言中寫道：「今予著《六合叢談》一書，亦欲通中外之情，載遠近之事，盡古今之變，見聞所逮，命筆志之，月各一編，罔拘成例，務使蒼穹之大，若在指掌，瀛海之遙，如同衽席。」偉力亞烈創辦這份刊物的目的，一方面是為了開拓中國人的視野，消除中國人的排外心理，另一方面則是想通過傳播文化來迂迴地宣傳基督教。所以，宗教訴求也是該刊的一個目的，所以，偉烈亞力在序言中還說：「凡此地球中生成之庶匯，由於上帝所造而考察之，名理亦由上帝所界，故當敬事上帝，知其聰明權力無限無量。……大地之上，唯一造物主；萬民之生，唯一救世主。其道流行，無遠弗屆，聖教所被，靡人不從，是則所望於格物名流也。」偉力亞力是個語言奇才，對中文很熟悉，從這篇序言中我們亦可看出他深厚的中文功底。《六合叢談》創刊後，主要撰稿人除偉力亞力外，英國倫敦傳教會在華傳教士慕維廉、韋廉臣、艾約瑟等也經常為該刊撰稿。

　　《六合叢談》的主要內容除了宣傳基督教外，有中外時事報導、天文地理及自然科技知識、商業行情資訊等。值得一提的是，《六合叢談》追述了發生在1856年的太平天國內訌事件（韋昌輝剷除楊秀清、石達開出走等）。

　　偉烈亞力一度想擴大《六合叢談》的發行範圍，使之擴展到內地，但由於經費不足等原因，這一願望並沒有實現。《六合叢談》出版了一年多即告停刊。

第四輯

傳教士報刊的非宗教化傾向

　　由於出版時間短暫，《遐邇貫珍》和《六合叢談》可以看作是傳教士報刊在鴉片戰爭之後的「牛刀小試」。雖然這兩份報刊的影響很有限，但此時傳教士辦報的環境已然與馬禮遜創辦《察世俗每月統記傳》、郭士立創辦《東西洋考每月統記傳》之時大不相同了。早期的傳教士報刊是在清廷「教禁」政策之下偷偷摸摸創辦的，風險極大。

　　鴉片戰爭之後，「大清帝國」的國門被迫打開。1842年簽訂的《南京條約》開放了5處通商口岸，1844年簽訂的《中美望廈條約》和《中法黃埔條約》允許美國人和法國人在通商口岸設立教堂。突破「教禁」後，傳教士們傳教的風險顯然大大降低，所以，他們的傳教熱情也大大提高，他們並沒有立即辦報紙，而是忙於在各地建教堂、辦學校、開醫院。但是很快他們就發現，中國幅員廣大，方言紛雜，口頭傳播「成本極高」，而中國的文字是統一，所以，只有利用報刊這一傳播手段，才能把「上帝的福音」傳到更遠的地方，傳給更多的人。所以，從19世紀50年代起，傳教士紛紛創辦報刊。據統計，到1890年，中國共有報刊76家，其中「十之六係教會報」。在這些報紙中，最有名的就數《遐邇貫珍》、《六合叢談》、《中外新聞七日錄》、《中國教會新報》、《中西聞見錄》等。

　　傳教士來華的使命當然是傳播基督教，但是，傳教士出版的報刊，除了宗教之外，還登載新聞、天文、地理、科技知識等內容。之所以出現這種傳教士報刊非宗教化的傾向，是有著深刻的社會原因的。

　　當時，儘管傳教士可以憑藉炮艦神威和不平等條約進入中國，但他們卻無法單純地依賴武力將基督教移植到中國百姓心

中。中國人歷來抱有「敬鬼神而遠之」的態度，心中壓根就沒有「上帝」這回事，即便是燒香拜佛，採取的也是「無事不燒香，臨時抱佛腳」的實用主義姿態。這跟英、美等國人人讀《聖經》，週週做禮拜的習俗大相逕庭。此外，傳教士是憑藉著不平等條約的庇護才得以在中國傳教的，洋教的傳播跟中國的戰敗緊密地聯繫在一起。中國人在內心深處對洋教是排斥的。各種因素集中在一起，使得基督教在中國的傳播十分困難。這困難大大地超過了傳教士最初的想像。當清廷允許傳教後，傳教士非常高興，說：「時候到了，現在是可以到中國的大街上，提高我們的嗓門大喊大叫的日子了。」然而實踐迅速地教育了他們。美國傳教士狄考文在山東傳教十餘年，收效甚微。他在寫給國內的信中說：「我們得花相當長的時間招攬聽眾。有一次，我花了好大的勁也沒有找到一個人聽講。……每到一個村子，我們的耳邊就充滿了『洋鬼子』的喊聲……我估計在近兩天至少從上萬人嘴中聽到這個詞。」有的傳教士認為，直接對中國民眾傳教「就像把種子撒到水裏一樣」徒勞無益。在直接傳教收效甚微的情況下，他們發現中國有重視文化教育的傳統。「中國人的最大特徵就是注重學問……他們的英雄人物不是武士，甚至也不是政治家，而是學者。」傳教士認識到，要在中國打開傳教局面，必須採取傳播知識的方式，以此「引出」並「抬高」基督教的地位。

　　傳教士對西學的傳播，恰好順應了中國「師夷長技以制夷」的思潮。於是，兩者一拍即合：中國人不但不反對，甚至很歡迎外報介紹西學；傳教士看到中國人對西學的興趣如此濃厚，也自以為得計，認為這是他們「以學輔教」策略的初步勝利，甚至以為用不了多久，中國人就可以從西學轉到「西教」上來。於是，他們越加偏重對西學的介紹。不少傳教士報刊逐漸演變成了綜合性時政刊物，

而《遐邇貫珍》和《六合叢談》恰好反映了這一轉變過程，而隨後出現的由《中國教會新報》演變成的《萬國公報》則是影響最大、最典型的傳教士綜合性刊物。

互動與轉換
——「洋報人」林樂知在中國

一

像很多成功人士一樣，林樂知（1836－1907）也有一個不幸的童年。他於1836年出生在美國佐治亞州，很小就失去了雙親，由姨父、姨母撫養成人。姨父、姨母都是虔誠的基督徒，受其影響，林樂知在少年時代就信仰基督教，參加了美國南方的監理會。

1858年，林樂知大學畢業，獲得文學學士學位。在大學期間，他閱讀了很多美英國家傳教士在海外傳教的書籍。他對非洲很感興趣，就在畢業之際向監理會提出到非洲傳教的申請。在等待差會答覆的日子裏，他向剛從佐治亞州衛斯理女子學院畢業的瑪麗‧郝絲頓小姐求婚，並請求其隨他一起去海外傳教。他的求婚獲得成功，兩人很快舉行了婚禮。

1858年冬天，監理會差會通知林樂知，要他到中國去傳教。這讓他感到有點意外，他回去詢問妻子的意見，妻子表示無條件地支持他的傳教士事業，願意同他一起去中國。經過一年的準備，1859年12月，23歲的林樂知帶著他的妻子和不足五個月的女兒，在紐約登上開往中國的貨船。當時，中美之間往來的船隻還需要繞道非洲最南端的好望角，因此他們經過210天才抵達中國上海。

林樂知到中國後，起了個中國名字叫林約翰，後取中國名言「一物不知，儒者知恥」之意，改名林樂知，並時常自稱「美國進

士」，顯示他對中國文化的濃厚興趣。來華不久，他就結識了近代著名思想家王韜，並向其學習漢語。林樂知進步很快，幾年之後就能用中文寫作了。

與他學習漢語的順利程度相比，他的傳教事業卻一籌莫展。1861年，美國爆發了南北戰爭，南方監理會與海外的聯繫被迫中斷。林樂知得不到差會的經濟支持，不但無法傳教，而且一家人的生活也成了問題。他後來說：「我們有四年之久收不到差會的一塊錢，也接不到親友的一封信。」不得已，林樂知只得先設法謀生，他典賣教會財物、販賣糧食、棉花和煤炭，還當保險部門的經紀人。

1864年，在洋務派思想家馮桂芬的介紹下，林樂知到上海廣方言館任教習，後又受徐壽之請，於1867年到上海江南製造總局翻譯館譯書。他還接受上海字林洋行的聘請，兼任中文《上海新報》的編輯。幹了這麼多兼職之後，林樂知一家人的生活才有較穩定的物質保障。當時，他上午為廣方言館的學員授課，講授西學，下午為江南製造總局翻譯館譯書，晚上還要編輯報紙，辛勞程度可想而知。

林樂知在江南製造總局翻譯館譯書長達16年，翻譯的主要著作有《格致啟蒙博物》、《格致啟蒙化學》、《格致啟蒙天文》、《格致啟蒙地理》、《萬國史》、《歐羅巴史》、《德國史》、《俄羅斯國史》、《印度國史》、《東方交涉記》、《列國歲計政要》、《列國陸軍制》、《新聞紙》、《地學啟蒙》等十幾部，內容涉及天文、地理、化學、物理、外國史等多種學科。由於教書認真，譯書勤奮，清廷賞他以五品官銜。

二

　　在為江南製造總局翻譯館譯書的同時，林樂知也沒有忘記自己傳教士的使命，他於1869年自費創辦了《教會新報》，這份中文報刊不屬於任何基督教差會，完全是林樂知自己編輯、自費印刷、自辦發行的一份報刊。這份報刊以宣傳基督教為主，刊載一些教會新聞，偶爾也有科技短文，介紹一些西學知識。《教會新報》出版後銷量並不好，到1874年，林樂知將其更名為《萬國公報》，並在辦報內容上加以調整。在教務之外，《萬國公報》加大了對中國政治、社會、文化、外交、教育等各方面的關注。在《教會新報》更名為《萬國公報》的這期扉頁上，林樂知寫下這樣一行說明：「本刊是為推廣與泰西各國有關的地理、歷史、文明、政治、宗教、科學、藝術、工業及一般進步知識的期刊。」由此，《萬國公報》就完全演變成了一份以傳播西學為主的綜合性時政刊物。這份雜誌除了向中國人介紹西方的科技知識外，還刊發許多闡釋西方民主、自由等政治理念的文章，對三權分立和議會制度也進行了介紹。這對長期處在封建統治之下的中國人來說，不啻於送來自由、民主的火種。林樂知十分自信地稱：「（《萬國公報》）既可邀王公巨卿之賞識，並可以入名門閨秀之清鑒，且可以助大商富賈之利益，更可以佐各匠農工之取資，益人實非淺鮮，豈徒《新報》云爾哉！」日後的發展證明，林樂知此言非虛。但在當時，《萬國公報》因得不到教會的支持，人力、物力、財力等各方面都出現了困難，在1883年8月被迫停刊，直到1889年2月才得以復刊。

　　《萬國公報》的中途停刊及隨後的復刊都與基督教教會內部的意見分歧關係極大。在近代來華傳教士中間，一直分為兩派：基要派和自由派。自由派傳教士認為，中國人的頭腦中不是一片空

白，而是充滿了儒、釋、道等各種傳統觀念。要想讓中國人接受基
督教，就必須適應這種情況，用中國人熟悉的語言和思維方式向他
們傳教。現在，中國人學習西方先進科技的潮流不可遏制，傳教
士理應肩負起向中國傳播西學的使命。如果傳教士不做中國人的科
學教師，那麼中國人日後會用科學來反對基督教，「科學不成為宗
教的婢女，就會成為宗教的敵人」。況且，科學技術對改善中國民
眾的生活，幫助他們解脫「赤貧之境」確實大有裨益。傳教士不能
僅僅向信徒許諾死後的天堂，現在就應該盡力改善信徒的生活，這
樣，信徒們才能更好地相信基督教，基督教才能為民眾普遍接受。
而基要派則認為，科學對中國人來說確實很重要，但宣傳西學、傳
播科技的工作應該由別人來做，而不是傳教士。傳教士最應該做的
還是傳播福音，如果過多地傳播西學，勢必影響甚至削弱傳播福音
的工作，這是得不償失的。就傳播方式而言，自由派主張「以學輔
教」，而基要派主張直接傳播基督教；就傳教所側重的人群而言，
自由派側重向中國上層傳教，認為這樣收效大，而基要派則深入基
層，積極地向底層民眾傳教，理由是他們更需要拯救。基要派的代
表人物是英國傳教士、基督教中華內地會的創始人戴德生，而自由
派的代表人物包括李提摩太、林樂知、狄考文、李佳白等。兩派勢
力此消彼長，在19世紀90年代之前，基要派佔上風，從19世紀90年
代到20世紀上半葉，自由派勢力大張。在報刊史上，林樂知將《教
會新報》更名為《萬國公報》，標誌著傳教士報刊由宗教報刊向非
宗教報刊的重要轉變。可是在當時，基要派佔上風，他的這種做法
遭到了強烈反對。

　　1877年5月10日至5月24日，來自19個差會的142名基督教傳教
士在上海召開了一次傳教士大會。大會對基督教傳教士的各項活動
進行了討論。在這次大會上，傳教士創辦報刊問題亦成了爭論的焦

點。自由派主張利用報刊向中國人傳播西學知識，通過「以學輔教」的方式向中國人慢慢地滲透基督教義，而且不宜操之過急。基要派對此持反對意見。他們認為，傳教士來到中國的目的是為了傳播「福音」，拯救中國人的靈魂，而不是為了傳播科學知識。一位傳教士說：「我不反對向中國介紹世俗的科學知識，我只是反對傳教士去做這些事情。」他們還認為，出版宣傳西學知識的報刊與傳播福音之間相差太遠，「效率」太低，事倍功半。

　　這次論爭的結果是基要派的意見佔了上風。結果非宗教報刊的出版在教會內部越來越得不到支持，人力、物力、財力等各方面都出現了困難，致使許多非宗教報刊不得不停刊，《萬國公報》亦在其中。

三

　　由於受到了基要派的排擠，在教會內部得不到支持的自由派傳教士開始著手創建自己的組織。1887年，美國長老會傳教士韋廉臣在上海創辦了廣學會。廣學會以推廣西學為宗旨，並以中國的士大夫階層為主要宣傳對象。韋廉臣在創辦廣學會的計畫書中說：「我們對於中國的開放永遠不會感到滿意，直到我們能將中國人的頭腦也開放起來。他們反對西方的觀點、計畫以及商業、政治、宗教等各方面的活動，幾乎完全是由於無知……因此，消除這種無知，在人民各階層中推廣學識，就具有極端的重要性。」他還認為，士大夫階層是「滿清帝國的靈魂和實際的統治者」，要影響整個中國，就必須從這些人入手，用書報來啟迪他們，指導他們，「有效地改變中國的輿論和行動」。英國傳教士李提摩太在接任廣學會督辦後，更加注重對中國「上等人」施加影響。他曾對中國文人和官員做過統計，得出的結論是，影響4萬「上等人」，就等於影響了中

國三億多人。他聲稱：「要把這些人作為我們的學生，我們要把對中國最重要的知識系統地教給他們，直到教他們懂得有必要為他們苦難的國家採用更好的方法時為止。」

在這樣的背景下，《萬國公報》在1889年得以復刊，並成為廣學會的機關報，主編依然是林樂知。復刊之際，清末著名翻譯家、報人沈毓桂在復刊號上曾發表了〈興復萬國公報序〉，講林樂知主編此報「首登中西互有裨益之事，廓政本也。略評各國瑣事，志異聞也。其他至理名言，兼收博取，端學術也。算學格致，各擷其精蘊，測其源流，形而上之道與形而下之器，皆在所不當遺也」。

復刊之後的《萬國公報》迅速迎來了它的輝煌期。原因就是它在介紹歐美的新知、新學方面作用極大，舉凡西方的物理、化學、數學、天文、地理、生物、醫學、製造、鐵路、輪船、郵政、農業、漁業、礦業等，林樂知都加以譯介，並配之以圖。歐美的一些近代科學家，如牛頓、達爾文、哥白尼等，《萬國公報》亦刊出了他們的傳記。西方新的社會科學知識，如經濟學、貨幣理論、市場學、對外貿易、管理科學、教育制度、法學、圖書館學、政治學、議會知識等，林樂知也都在《萬國公報》上做介紹。有意思的是，當時西方剛剛興起的社會主義學說，最先也是由《萬國公報》介紹到中國來的。可以說，《萬國公報》實際上變成了晚清時期傳播西方文化的一個重要視窗，許多尋求新知、立志變革的中國青年，都從《萬國公報》得到了啟迪。康有為當時的一些論著，就吸收了《萬國公報》上的不少知識和理論；梁啟超在《時務報》發表的某些文章，亦明顯受《萬國公報》的影響。

《萬國公報》不僅大量傳播西學，而且還評論中國時政，啟迪國人思想。林樂知以「美國進士」的筆名寫了大量評論，議論中國時政，鼓吹變法。

在甲午戰前，《萬國公報》對時政的評議主要集中在教育制度上，批評科舉取士，建議創辦新式學校。甲午戰後，《萬國公報》對中國時政的批評涉及政治、經濟、外交、教育等各個領域，強烈要求中國變法，發出了「不變法不能救中國」的警告。李佳白在《萬國公報》上撰文稱，甲午之戰中國敗給日本，其實是閉關守舊敗給了救亡圖新。他說：「日本與中國，同處亞洲。往時，泰西各邦均以不平等之禮相待。日本深以為恥，痛改舊俗。近年頗能自拔，與歐美立約……講求新法，知之明而處之當也。……對鏡相照，中國毫無激發，何以安之若素也？」

林樂知的認識更為深刻，他認為：「中國缺憾之處，不在於跡象，而在於靈明；不在於物品之枯良，而在於人才之消長。」並「舉華人之積習痛切道之」：一曰「驕傲」；尊己輕人，對他國善政不屑一顧，以為戎狄而已，「中華不尚也」。二曰「愚蠢」；既不關心世界，安肯就學遠人？徒潛心於詩文，「識見終於不廣」。三曰「恇怯」；不知科學，唯尚迷信，久成怯弱之性，於人於物皆然。四曰「欺誑」；虛文應事，不知實事求是之道，祈天求福，妄聽妄信而已。五曰「暴虐」；官府腐敗，不問民間疾苦，重刑訊，草菅人命。六曰「貪私」；人各顧己，不顧國家，無論事之大小，經手先欲自肥。七曰「因循」；做任何事情，只知拘守舊章，不願因時變通。八曰「遊惰」；空費光陰，虛度日月。這八大積習，「其禍延於國是，其病先中於人心。」鑒於此，林樂知總結甲午戰敗的教訓，認為「非日本之能敗中國也，中國自敗也。」然後勸告中國變法：「世無亙古不能變之法，國無積弱不能強之勢……今中國如欲變弱為強，先當變舊為新。」

　　對於怎樣變法，《萬國公報》載文提出了許多建議，包括派人出洋考察外國政治、創建新學、開設報館、開礦修路、政令劃一、改革政體等等，這些建議後來幾乎全部被康有為、梁啟超等維新派吸取。

　　傳教士來自先進的國度，又處在旁觀者的位置上，他們對大清帝國的批評和建議有許多真知灼見。正因如此，《萬國公報》對維新人士產生了深深的影響。康有為是《萬國公報》的熱心讀者，他後來給光緒皇帝提出的建議幾乎全部脫胎於《萬國公報》；梁啟超1896年編《西學書目表》時將《萬國公報》列為最佳書目之一；譚嗣同也對李提摩太、林樂知、李佳白等傳教士的觀點深表認同。維新變法前夕，《萬國公報》達到了它的鼎盛時期，發行4萬份，讀者遍及中國大部分地區，就連光緒皇帝都訂閱該報，可見它對中國政局影響之深。

　　需要說明的是，非宗教報刊的創辦並不代表著傳教士忘記了自己的身份。他們在報刊上傳播西學的根本目的還是為了傳教。在他們看來，中國一旦效仿西方進行改革，實行新政，就會產生一種親西方的態度，而這有利於基督教在中國的傳播。同時，他們在鼓吹變法時也一直強調，西教、西學、西政是三位一體的，西教是西學、西政的根本，中國要「采西學」、「行西政」，就必須「從西教」。

　　但是，維新人士並沒有接受傳教士的宗教宣傳，他們不相信基督教為西學、西政的根本。即便承認宗教的作用，維新派要在中國發揚的也是孔教，而非基督教。在接受了西學、西政之後，維新人士以啟蒙者的姿態出現在中國的政治和思想文化舞臺上。這時，他們毫不猶豫地批評了傳教士關於西學、西政、西教三位一體的「謬說」，認為中國「政可變，學可變，而教不可變」。「強其國而四百兆黃種不懼為奴，保其教而三千年素王無憂墜地，是在善變，是在善不變。」所以，就傳播西學、西政而言，《萬國公報》等傳

教士報刊在中國是成功的；可就傳播基督教本身而言，它又是失敗的。它的成功在策略上，它的失敗在目的上。《萬國公報》喚醒了中國人的思想，可是醒過來的中國人並沒有投入到基督教的懷抱。

四

　　譯書、辦報之外，林樂知還與中國上層人物廣泛交往。他認為，在中國「士為四民之首」，官和商大都來源於「士」，征服了「士」就能影響整個中國。他在19世紀六七十年代廣交名流，馮桂芬、嚴良勳、汪鳳藻、陳蘭彬、沈毓桂、應寶時、李鴻章、丁日昌、張之洞、張蔭桓、呂海寰等都成了他的朋友。這些人看重的是林樂知博學多才，而林樂知亦試圖通過他們影響中國，促進社會變革，進而廣植基督教的「福音」。

　　作為自由派傳教士，林樂知提出了「耶穌加孔子」的傳教策略，以圖實現基督教教義的「中國化」。他認為基督教義與儒家思想在核心觀念上是一致的。他甚至將儒家的「三綱五常」與基督教義一一印證，結論是：「儒教之所重者五倫，而基督教亦重五倫。」儒學講「仁」，《聖經》雖無「仁」字，但「愛即是仁也」；儒學講「義」，「耶和華以義為喜，必觀真正之人」；儒學講「禮」，《聖經》要人們「以禮相讓」；儒學講「智」，《聖經》中稱「智慧之賦，貴於珍珠」；儒學講「信」，《聖經》中則有「止於信」，即「信」是最高美德。他還把「摩西十誡」與「孔子三戒」相比較——

　　　進言儒教君子三戒，與吾教摩西十誡，旨有相同者，更歷引《聖經》以證之。

君子三戒第一戒，孔子曰：少之時，血氣未定，戒之在色。
摩西十誡第七條曰：勿姦淫，正同也。……
君子三戒第二戒，孔子曰：及其壯也，血氣方剛，戒之在
鬥。摩西十誡第六條曰：勿殺人，旨又同也。……
君子三戒第三戒，孔子曰：及其老也，戒之在得。摩西十誡
第八條曰：勿偷盜。第十條曰：勿貪他人房屋；亦勿可貪戀
他人妻子、僕婢、牛驢，並其他一切所有。此二條皆言戒得
也。……是摩西十誡與君子三戒又合，不但重五倫五常與儒
教合也。

雖然認為儒學與基督教有很多相同之處，但他依然覺得中國
「落後」，應該大量引進西學，廢除科舉，創辦新式教育。在他看
來，辦教育是改變中國人知識結構、思維方式最可靠的方法。基於
這種考慮，他於1881年在上海建立了中西書院。他在《中西書院規
條》中寫道：「余擬在上海設立書院，意在中西並重，特為造就人
才之舉。」「創立中西書院，專為栽培中國子弟起見，非敢希圖虛
名，實求實濟。」

中西書院分大書院及一院、二院三部分。大書院設在崑山橋，
一院在八仙橋，二院在吳淞路。之所以起名中西書院，主要是為了
迎合當時知識界和政界的文化思潮。在1894年甲午戰爭前後的20年
間，「主以中學，輔以西學」，或「中體西用」、「中西並重」的
呼聲甚高。作為林樂知助手和朋友的沈毓桂也說：「專尚中學固不
可也，要必賴西學以輔之；專習西學亦不可也，要必賴中學以襄
之。二者得兼，並行不悖，乃可以施非常之教化矣。」林樂知身受

美國文化和中國文化的雙重陶冶，提倡「耶穌加孔子」，自然契合中西並重的文化理念。

在課程設置上，中西書院一般是半天「中學」課程，半天「西學」課程。「中學」主要是講授四書五經、作詩造句及書法等。西學課程包括英文、琴韻、天文、地理、物理、化學等。為了「因材施教」，林樂知將學生分為特等學生、頭等學生（分作一二三班）、二等學生（分作一二三班）、三等學生（分作一二班）共四等九級，針對不同情況施以不同的教學，這種做法取得了顯著效果。

作為一所教會學校，中西書院的學生每天早晨必須「恭讀《聖經》」，星期天則要到教堂做禮拜。但中西書院但並沒有系統的《聖經》課，也不規定學生有傳教的任務。

1887年後，林樂知將主要精力轉向廣學會和辦報紙，對中西書院過問較少。1895年他辭去中西書院校長的職務，由美國監理會另派人主管。至1912年，中西書院遷往蘇州，併入東吳大學。

中西書院在中國前後32年，培養出一批新型人才。更重要的是，中西書院較早地否定了清廷的科舉制，在中國實行了美式的教育制度，對清末民初的教育改革具有示範作用。在創辦中西書院的同時，林樂知還於1892年在上海辦了中西女塾，專門培養女性人才。這在中國女性教育史上亦有重要意義。受傳教士創辦女子學校的影響，1898年，梁啟超聯絡經元善、嚴曉舫、汪襄卿等人在上海創辦了經正女學，這是中國人自辦的第一家女子學校。這所學校就是仿照林樂知創辦的中西女塾而建的。梁啟超、經元善等人與傳教士林樂知、李提摩太等人關係密切，由於這個原因，經正女學還採用了林樂知、李提摩太等人編輯出版的教科書、圖表和地圖。該校所聘請的教習也多來自教會女校，如中西女塾、貝滿女校和聖馬利亞女子學院等，林樂知的女兒林梅蕊亦在聘請之列。

五

　　因為與維新派關係密切，1898年維新變法失敗後，林樂知主編的《萬國公報》亦受到很大影響，銷量銳減。1900年義和團運動之後，他被召回美國參加基督教各教會聯合會議，研究下一步如何對華傳教的問題。1905年，林樂知受到了美國總統希歐多爾·羅斯福的特別接見，羅斯福向他詢問有何良方可以改善中美關係，他建議「加強教育」，認為只有教育才可以消除愚昧和隔閡，從根本上改善兩國關係。1906年，林樂知返回上海。1907年5月30日清晨，正準備參加馬禮遜來華一百週年紀念大會的林樂知突然去世，享年71歲。

　　在近代來華傳教士中，林樂知大名鼎鼎，傳教之外，他還是著名的翻譯家、學者、報人、教育家和社會活動家。更有意思的是，他在這些身份之間的相互轉換，與近代中國的歷史變遷密切相關。他在1860年來到中國，當時，洋務運動正在中國興起。他先隨中國啟蒙思想家王韜學習漢語，隨後進入洋務派創辦的上海廣方言館任教習，並兼任江南製造局翻譯館翻譯，由於工作努力，曾被清廷授予五品頂帶官銜。1895年，中國在甲午海戰中失敗，標誌著洋務運動的結束。但此時，林樂知卻憑著他對甲午海戰及中國時局的精確分析引起國人的廣泛關注。在維新運動中，他主編的《萬國公報》銷量飆升，林樂知本人也成了維新派的「洋導師」。在向中國介紹西學的過程中，他還創辦中西書院和中西女塾，在中國教育史上寫下了重要的一筆。以今天的眼光來看，林樂知與其說是一名傳教士，不如說是一名傳播西方文化的使者——因為他傳播「福音」的成果微不足道，倒是在傳播西學、推動中國的新式教育方面取得了巨大的成就。

第五輯

教育與社會

卜舫濟與聖約翰大學

一

　　在中國近代史上，基督教傳教士來中國辦教育是一個非常值得關注的現象。到了20世紀上半葉，中國湧現出了一批有名的教會大學，如蘇州東吳大學、杭州之江大學、成都華西大學、武昌華中大學、南京金陵大學、北京燕京大學、濟南齊魯大學等。這些各具特色的大學為中國培養了一大批人才，在歷史上寫下了光輝的一頁。與之相對，這些大學的校長也成了中國教育史上的風雲人物，這其中最典型的當然要屬燕京大學的校長司徒雷登，他以成功地創辦燕京大學而蜚聲海內外，在抗戰勝利後被美國政府任命為駐華大使。毛澤東一篇〈別了，司徒雷登〉的文章讓他的名字在中國家喻戶曉。而在當年的教育界，與司徒雷登齊名的人物就是卜舫濟，有「北有司徒雷登，南有卜舫濟」之說。如果說司徒雷登是燕京大學成功的關鍵人物，那麼卜舫濟就是聖約翰大學的靈魂人物。

　　卜舫濟是美國著名的傳教士，他1864年出生在美國紐約，22歲的時候以傳教士的身份來到中國上海，在聖約翰書院教授英文。兩年後，他接替施約瑟當上了聖約翰書院的院長。年輕的卜舫濟對書院的課程進行了大膽的改革，大力推行英語教育，除中文外，其他課程一律使用英文教材，教師在課堂上用英語授課，這使得聖約翰書院成了「全中國最適宜學英語的地方」。同時，書院還開設了

化學、物理、算術、幾何、寫作、英文語法、會計、科學史、生理學、世界史等課程，把先進的大學理念引入中國。

　　從1888年到1904年間，卜舫濟一直致力於把聖約翰書院提升到大學的程度。他說：「我們的學校和將來的大學，就是設在中國的西點軍校。……當我們被問到美國的軍隊力量來自何處，我們不只是指出有常規軍，而是提到西點軍校，在那裏訓練著未來的軍官和軍人，準備一旦需要就可擔任領袖，對別人進行教育和訓練。當被問到中國的傳教事業從哪裏可以清楚地看出力量來源時，讓我們不只是指出中國有那麼一小隊本地和外國來的英勇使者（指傳教士），而且還應該指出我們的教育機關，正在訓練著未來的領袖和司令官，他們在將來要對中國同胞施加最巨大的和最有力的影響。」從這段話可以看出卜舫濟志向之遠大。

二

　　到了1904年，聖約翰書院改名為聖約翰大學，卜舫濟被任命為校長，此後的35年間，他一直擔任該校校長，如果再加上此前擔任書院院長的時間，卜舫濟主持聖約翰的時間超過了半個世紀。正是在卜舫濟的主持和推動下，西方的大學制度被引入了聖約翰，使得聖約翰成為一所中西合璧的大學。這種中西方文化互相交融的特色，由聖約翰的校訓便可見一斑：「光與真理——學而不思則罔，思而不學則殆。」前半句極具西方傳統，後半句則是原汁原味的孔子名言。

　　對於這個校訓，校刊《約翰聲》這樣詮釋——

我們要使聖約翰大學成為中國之光和真理的火炬，沒有再比此目標更崇高的了。我們將努力給予我們的學生一個廣闊的、豐富的基督教化教育。我們將充分教授英語和文學，相信這將有助於擴大學生的智力水平。我們將傳授科學，不僅因科學有實用價值，還由於科學真理和所有真理都來源於上帝。

後來在「校訓」裏又增加了「學而不思則罔，思而不學則殆」，這句教導出自《論語‧為政》。孔子的這句話，也刻在學生佩戴的校徽上，要求學生們拳拳服膺，身體力行。

到1911年辛亥革命之後，聖約翰大學的一部分畢業生已經在國民政府出任要職了，如顏惠卿出任德國公使、施肇基出任英國公使、吳任基出任漢陽兵工廠督辦、周貽春出任清華大學校長、顧維鈞出任外交部秘書長、王正廷出任中國留美學生監督等，此外，更多的聖約翰大學畢業生在洋行、海關、郵政局及官辦企業中擔任高級職員。此外，聖約翰大學還培養出了鄒韜奮、林語堂、宋子文、榮毅仁、丁光訓等許多赫赫有名的人物。經過不懈的努力，美國的密西根大學、哈佛大學、加利福尼亞大學等世界知名大學均同意接收聖約翰的學生入學，耶魯大學甚至同意免試招收。因此，在20世紀前期，聖約翰成為眾多中國學生留學海外的過渡。建築大師貝聿銘便是其中一例，他在聖約翰讀完高中又讀了一年大學後，出國留學。

三

在當時的中國，能把大學辦得如此有聲有色，卜舫濟校長當然有他的過人之處。關於這一點，我們從以下幾個細節就可窺見一斑。

　　其一，卜舫濟十分強調師生之間應建立友誼。每逢週末，卜舫濟總會在自己家裏舉行晚會，邀請學生輪班做客，吃飯，喝茶，隨便聊天，點唱歌曲。卜舫濟的第一任妻子黃素娥是中國人，她為了支持丈夫的教育事業，在自己家裏招待過數以萬計的聖約翰學生。卜舫濟與黃素娥的婚姻，也成了中美通婚史上的一段佳話。我想，僅此一項，就足夠今天的大學校長們學習一輩子了。

　　自己以身作則之外，卜舫濟要求每一位教師都應「在教室內外，運用上課、談話、講故事等和學生們接觸，特別是當學生遇到各種困難的時刻，教師更要給他們以同情、忠告和可能的幫助」。他還說：「學生在遊玩的時候，教師應願意和他們混在一起……這無疑會使學生腦子開竅。」林語堂先生在他的自傳中曾深情地寫到聖約翰大學和卜舫濟校長，他說：「我這對於西方文明之基本態度不是由書籍所教的，卻是由聖約翰的校長卜舫濟博士和其他幾個較優的教授而得；他們都是真君子。」「來到中國做傳教士的洋人之中，有些好教授，如巴頓·麥克奈教授，還有一位瑞邁爾，學識都很好；還有一位美國布魯克林口音很重的教授，因為對聖約翰大學極具熱心，自動義務來教書。」「校長卜舫濟博士娶了一位中國的淑女為妻。他治事極具條理，據說他將一本長篇小說每週讀一章，一年讀畢。」

　　關於聖約翰開明的學風，曾任國務院港澳辦公室主任的魯平也有過回憶。魯平自認在學校裏不是一個好學生，他生性調皮，上課時常喜歡提出些怪問題來刁難老師，寫作文時也喜歡別出心裁，寫出一些怪文章。曾有一次，作文題目是〈My Self Portrait〉，魯平就模擬「Rebecca」的開頭：「Lastnight I dreamt I went to heaven……」，接著就寫如何被守天堂的門神攔住了，要他通報身份。他自我介紹了一番之後，門神卻將其訓斥了一通，說他不夠資格進天堂，一腳將他踹下了地獄。另一次，題目是〈Bookworm〉，

魯平就列舉了世上各種各樣的Bookworm，有的是真正的蛀蟲，有的是所謂書呆子，有的是專賣舊書的書商……把這各色人等描寫了一番。這兩篇文章都得到了老師的喜歡，得了A＋。

　　在選修的社會學考試中，有一個關於馬爾薩斯人口論的題目。魯平在回答時和書本上所講的大唱反調，批判人口論是削足適履，結果也得到了老師的鼓勵。魯平的調皮搗蛋還表現在一次同學活動中，他與一個同學合演了一段雙簧，故意歪用了他們在邏輯課上學到的「三段論法」，開老師的玩笑，說老師是動物，豬也是動物，因此老師也就等於豬。老師們對這樣的胡鬧也只是一笑置之。倒是魯平在多年後的回憶文章中進行了自我批評，說自己當年如此對老師大不敬，「罪該萬死」。

　　1941年太平洋戰爭之後，日本人進入租界，所有學校都要學習日文，聖約翰也無法例外。當時的日文老師是個中國人，他自知不受歡迎，所以得過且過，考試時也都睜一隻眼閉一隻眼。到了期終考，由於試題與前一年的相同，所以學生只須把上一年級的試題拿來，預先寫好答案就行了。然而，魯平當時連日文平假名的草、楷都不會寫，只好把書頁撕下來，把空白的邊剪去，夾帶到考場裏去依樣照描，老師高高坐在臺上根本不管，就這樣被魯平混到了一個「及格」。

　　在回憶文章內，魯平感慨道：「這些事雖然荒唐，但也可以從此看出我們母校的學風還是比較開明的，確是貫徹了『學而不思則罔，思而不學則殆』的校訓，不是提倡死讀書，讀死書，書讀死，我們大家從中得益匪淺。」

　　其二，卜舫濟堅決反對大學盲目「擴招」。1907年，上海舉行基督教傳入中國一百週年紀念大會，卜舫濟被推舉為大會執行會和教育委員會主席。他在會上就大學教育問題發表演說，其中提到：「我們必須不讓我們的學校和大學發展過大，以致犧牲對學生的個人影響

這個重要因素。我們的目標是辦較小的學校或大學，但要保證質量。這將會像發酵一樣，可對整個中國社會施加更大的影響，這要比學生人數多、擁擠的學校好得多。」在中國高校忙於兼併、擴招、「升格」、「上規模」，以達到「做大」的時候，人們難道不應該重溫一下聖約翰大學校長卜舫濟先生在一百年前發生的忠告嗎？

四

在中國教育史上，聖約翰大學以英文教育最為出名，畢業於該校的林語堂日後成為可以用英文寫作的中國作家，日後曾在臺灣當過「總統」的嚴家淦，在與美國人會見時說一口純正的英文，連美國人都自歎弗如。聖約翰大學的畢業生之所以英文如此厲害，當然也與卜舫濟對英文的重視離不開。1918年，聖約翰大學與中學部分家，卜舫濟全權負責大學行政，他決定將聖約翰大學辦成一所在中國的美國大學，一度動議取消中文部。這項決定遭到了校內外輿論的指責，卜舫濟組織了一個調查委員會，請黃炎培擔任主席，徵求各方的意見。調查結果是大家反對卜舫濟的動議。大家認為，如果聖約翰大學連中文都取消，那麼這裏畢業的中國學生就會成為只會念洋書、說洋話的「假洋鬼子」，那他們將如何在中國工作？中國不是美國的殖民地，連美國人到中國來傳教都要學中文，中國本土學生反倒不能在大學裏學中文，這實在太說不過去了。於是，卜舫濟校長做出了讓步，特聘該校畢業生孟憲承擔任大學中文課的教授，但中文是選修課，而英文是必修課。

卜舫濟想把聖約翰大學辦成一所在中國的「美國大學」的想法，一方面提升了大學的辦學質量，但另一方面也遭遇了國人民族情緒的衝擊。五四運動之後，中國人的反帝愛國情緒日益高漲，收

回教育自主權的呼聲一浪高過一浪。很多外國人創辦的教會大學都先後移交給了中國人，聖約翰大學是一所教會大學，顯然也在「收回」之列。國人收回教育自主權的一項重要措施就是要求所有的教會大學都必須請中國人做校長，主持校務，可卜舫濟始終不願意讓出自己的聖約翰大學校長一職。他是一名傳教士和教育家，實在不想讓自己辛辛苦苦創建的大學受到政治風潮的強烈衝擊。

　　可是，國人的愛國情緒在20世紀20年代越來越強烈，學生運動也一次接著一次，聖約翰大學顯然不能獨立世外。五四運動中，聖約翰大學也參與了上海學生聯合會組織的罷課、遊行活動。到了1919年6月3日，上海全市人民罷工、罷市、罷課，聖約翰大學的學生也罷課了。卜舫濟無可奈何，只好宣佈放假一週，但一週之後，學生繼續罷課，並宣佈不參加考試，不參加畢業典禮。卜舫濟無奈，只能宣佈提前放暑假。

　　學生運動轟轟烈烈地搞起來之後，卜舫濟校長讓聖約翰大學成為安靜象牙塔的想法註定不能實現。到了1925年5月30日，上海學生兩千餘人在租界內散發傳單，發表演說，抗議日本紗廠資本家鎮壓工人大罷工、打死工人顧正紅，並號召收回租界，遊行的學生被英國巡捕逮捕一百餘人。下午，萬餘群眾聚集在英租界南京路老閘巡捕房門首，要求釋放被捕學生，高呼「打倒帝國主義」等口號。英國巡捕竟開槍射擊，當場打死13人，重傷數十人，逮捕一百五十餘人，這就是震驚中外的五卅慘案。5月30日當天，聖約翰大學的學生組織集會，準備上街遊行。本著為學生安全負責的想法，卜舫濟趕到會場，把演講的同學趕下臺，阻止了一次聚會，但是第二天，聖約翰大學的學生還是舉行了集會，並與上海其他高校的學生一起向英國租界當局提出了抗議。

6月2日，聖約翰大學的學生準備繼續上街遊行，卜舫濟校長害怕發生悲劇，親自把守學校大門，不准學生上街。可是，此時的學生已經是群情激憤，難以控制，無奈之下，卜舫濟校長再次宣佈放假七天，通知學生家長一律把學生領回。但是，學生拒絕回家，師生矛盾迅速升級。6月3日，聖約翰大學的學生在校內的旗杆上降半旗為五卅慘案中的死難同胞誌哀，卜舫濟校長聞訊後再次趕到操場，將國旗卸下。後來學生又取來一面國旗準備再次升上，卜舫濟從學生手中搶下了國旗，強烈阻攔學生的哀悼活動。學生們憤慨不已，集體進入禮堂舉行緊急會議，商議對策。卜舫濟不想讓學生繼續「鬧事」，遂衝進會場，宣佈聖約翰大學和中學全部停辦，意圖阻止學生。激憤的學生「決議全體永遠脫離該校，永不再來」。在這份決議書上簽字的共有553人，也有中學生，還有一部分中國教師。這批退出聖約翰大學的師生後來在1925年8月成立了一所新大學，是為光華大學。

此次事件，充分暴露了教會大學以及卜舫濟校長的尷尬和無奈。從基督教的理念出發，卜舫濟本人顯然希望學生對英國租界當局要「隱忍」，而不是鬥爭；從大學校長的職責出發，卜舫濟也不希望學生們冒著生命危險上街遊行。因此，在今天看來，卜舫濟校長當初阻止學生集會、遊行的做法是可以理解的。但是在當時，由於教會學校特殊的背景和性質，教會學校校長在學生的眼裏不僅僅是學校的管理者，還是西方在華勢力的代表。這在民族情緒高漲的環境下，卜舫濟校長的言行無疑就是對學生愛國激情的一種冒犯。

後來，離開聖約翰大學的五百多名師生還向國民政府高等教育委員會呈送請願書，要求接管聖約翰大學。他們說：「為了維護中國主權，必須撤銷外國人對這所學校的管理權。聖約翰大學是四十年前開辦的，已有數千名中國青年領到了該校文憑，其結果是甘願

為洋人工作。他們被令拿起《聖經》去勸人加入基督教會，學生每天要祈禱讀經，身處那樣的環境，他們不得不服從洋人的命令……如此下去，怎能拯救中國青年於水火呢？」

　　儘管如此，但南京國民政府並未接管聖約翰大學，經過此次事件之後的卜舫濟仍然當校長。1929年，聖約翰大學舉行建校50週年慶祝活動，順便祝賀卜舫濟擔任校長40週年，南京政府的一批高官到上海參加慶典，其中有聖約翰大學校友宋子文，他已經是國民政府的財政部長了，在校慶那天，他被特授予法學博士學位。此外，孔祥熙也參加了慶典。北京大學校長胡適特意從北京趕到上海出席校慶活動，並發表了演說。

　　1934年，卜舫濟已是70歲高齡了，他辭去了聖約翰大學校長一職。1937年7月7日，日本發動全面侵華戰爭，8月13日，上海淞滬會戰打響，聖約翰大學被充作了難民營。經宋子文出面協調，聖約翰大學遷至租界南京路東段，租用大陸商場，改成校園，繼續開學。

　　1941年12月，太平洋戰爭爆發，隨後，在上海的日軍開進公共租界和法租界，調日本人和德國人進入聖約翰大學，控制校務。卜舫濟在此前已經返回了美國，但他深厚的中國情結並未改變。他在美國多處發表演講，主題始終緊緊圍繞著中國，並時時流露出對中國的偏愛和關切。

　　二戰結束後，年過八旬的卜舫濟堅持回到了上海，回到他在聖約翰校園內的寓所。在接受《申報》記者採訪時，他說：「這兒是我的家，我要永遠在這兒，直到老死。」

　　1947年，卜舫濟在上海逝世，享年83歲。

第五輯

有關司徒雷登的若干個首碼詞

在許許多多的近代來華傳教士中，司徒雷登無疑是知名度最高的一位。

中華人民共和國成立前夕，1949年8月18日，毛澤東發表了〈別了，司徒雷登〉一文，對美國出錢出槍幫助蔣介石打內戰的反動政策做了辛辣批判。毛澤東的文章後來選入中學語文課本，司徒雷登的名字由此廣為人知。

毛澤東的這篇文章，重點在於批判美國的對華政策，對於司徒雷登本人，所談其實不多，只說他是「馬歇爾系統中的風雲人物之一」，是「美國侵略政策徹底失敗的象徵」。很多人為毛澤東雄文的氣勢所征服，並沒有深究「司徒雷登到底是怎樣的一個人」這個問題。

歷史學家林孟熹曾說：「整個20世紀，大概沒有一個美國人像司徒雷登博士那樣，曾長期而全面地捲入到中國的政治、文化、教育各個領域，並且產生過難以估量的影響。」

因此，在「司徒雷登」四個字之前，絕非「馬歇爾系統中的風雲人物之一」一種首碼詞。司徒雷登在中國生活了五十多年，在這漫長的歷史過程中，他的身份也是變化著的：他是在杭州長大的洋娃娃，他是南京城裏的傳教士，他是「燕大之父」，他是坐過日寇監獄的英雄，他是「內戰大使」，他是美國錯誤對華政策的「替罪羊」，他是晚景淒涼的老人，他是對中國懷有深厚感情的國際友人……

有意思的是，在告別中國近60年後，司徒雷登又回來了。

2008年11月17日，杭州西子湖畔。在低沉的樂聲中，在中外友好人士的注目下，司徒雷登先生的骨灰被輕輕安葬在杭州安賢園文星園。墓碑上這樣刻寫：「司徒雷登，1876－1962，燕京大學首任校長。」

看來，經過時間的過濾之後，作為「燕大之父」的司徒雷登最能被國人接受。

歷史正在一步步地恢復真相。司徒雷登那些被遮蔽的人生傳奇也正在一點點地浮出水面。

傳教士司徒雷登

司徒雷登是美國基督教長老會的傳教士，他的傳教士身份跟他出生的家庭密不可分。司徒雷登的父母均為美國在華傳教士。1869年，司徒雷登的父親司徒約翰牧師來到杭州傳教，愛上了這個美麗的城市，從此終老於西子湖畔。司徒雷登的母親瑪麗隨丈夫來華後，熱心教育事業，曾創辦女子學校。

1876年，司徒雷登出生在杭州下城區。在弄堂裏的銀杏樹下，他和中國的小夥伴們度過了快樂的童年，正因這個原因，司徒雷登會說地道的杭州話。11歲時，他被送到美國弗吉尼亞州上學，寄居在伯父家，而他的父母則回到中國繼續傳教。因為不會說英語，鄰里小孩都稱司徒雷登是個「怪物」。1896年，司徒雷登從漢普頓－悉尼學院獲得文學學士學位。1899年，他考入紐約協和神學院攻讀神學。從神學院畢業後，他被封為牧師。此時，他已精通英文、中文、希臘文，也對基督教神學有很深的造詣。1904年，司徒雷登與表妹愛琳結婚，同年受長老會派遣來華傳教。

　　1905年，司徒雷登繼承了父親的事業，成為美國長老會傳教士。1908年，他接受南京金陵神學院的邀請到該校任教，1910年，他就任南京教會事業委員會主席。1911年辛亥革命爆發，司徒雷登又兼任美國新聞界聯合通訊社駐中華民國臨時政府所在地——南京的特約記者，見證了中國大轉折時代風起雲湧的歷史，撰寫了不少新聞報導和評論。

　　在南京教學及傳教的11年間，司徒雷登改變了過去單一的傳教方式，而是將基督教的博愛精神擴展到整個社會生活之中，這使他成為傳教士中最出色的人物之一。

「燕大之父」司徒雷登

　　1918年，北京有兩所教會大學決定合併：一所是匯文大學，一所是協和大學。這兩所私立大學在1900年的義和團事件之後就試圖合併，但矛盾太多，多次協商未果，直到1918年才達成妥協。合併後的大學決定選聘一位與原來兩校都沒有關係的人擔任校長。此時司徒雷登在南京神學院執教多年，成績卓著，是美國教會公認的深切瞭解中國、才華出眾的人物。再加上司徒雷登出生在中國，中、英文運用自如，於是他成為新校長的最佳人選。

　　1919年元月，司徒雷登受長老會的派遣，到北京去籌辦新大學。到北京後，司徒雷登會見了即將合併的兩校有關人士，經多方斡旋，成立了由蔡元培等5人組成的校名委員會，最後採納了誠靜怡博士的建議，以「燕京大學」為校名，同時也解決了其他矛盾，正式出任燕京大學第一任校長。

　　司徒雷登接手的燕京大學，校址在北京東城的盔甲廠，規模很小，學生只有94人，大多數靠獎學金維持。教員中兩位是有博士學

位的中國人，外籍教員很少夠資格在大學任教。經費不足，只夠開銷的一半。司徒雷登一邊改善原有的亂攤子，一邊策劃另起爐灶。

司徒雷登四處募集建校資金，他拜訪了當時中國政界和經濟界的眾多名流，如段祺瑞、張作霖、孫傳芳、汪精衛、孔祥熙等。有一次，他去找孫傳芳募捐，孫傳芳不知底細，只給了他100元，後來他知道了司徒雷登不是普通之人，又趕緊派人給他送去2萬元。除了在中國募捐外，他還回到美國籌款。美國鋁業大王霍爾去世後，有一筆遺產用作教育基金。得知這個情況後，司徒雷登通過關係獲得了一大筆經費。此外，美國石油大王洛克菲勒、汽車大王福特兄弟等都是司徒雷登籌建燕京大學的「金主」。從1922年起，他15年內往返美國10次，募捐籌款，其中一次就募得150萬美元。這在當時幾乎是個天文數字。有了經費後，他決定給學校另選新址。

他和同事尋遍北京四郊，找到清華園西邊的一塊地。在他的回憶錄中，司徒雷登記載了他尋找校址的過程：「我們靠步行，或騎毛驢，或騎自行車轉遍了北京四郊也未能找到一塊適宜的地產。一天我應一些朋友之約到了清華大學堂，其中一位朋友問道：『你們怎麼不買我們對面的那塊地呢？』我看了看，那塊地坐落在通往頤和園的公路幹線上，離城五公里，由於那裏公路好走，實際上比我們察看過的其他地方離城更近，因而十分吸引人。這裏靠近那在山坡上到處集簇著中國舊時代一些最美麗的廟宇和殿堂，並因此而著名的西山。」

司徒雷登看中了這個地方，他找到了這塊地當時的主人——山西督軍陳樹藩。

在和陳樹藩交涉的過程中，司徒雷登顯示出非凡交際能力，結果，這位督軍僅以6萬大洋的價格把這塊地讓了出來，不僅如此，他還把其中三分之一的款項作為獎學金。

　　買下這一塊地之後，司徒雷登又在附近買進其他荒廢的園地，使燕京大學的總面積達到原來的數倍之多。司徒雷登一面拚命籌款，一面在新校址指揮營建，同時還要為擴大後的學校招兵買馬。他忙得不可開交。

　　辛勞終有回報，1929年燕京大學新校址正式投入使用。

　　燕京大學校園的建設，融合了中西文化，是司徒雷登的得意之作。對此，司徒雷登自豪地說：「凡是來訪者，無不稱讚燕京大學是世界上最美麗的校園──它有助於加深學生對這個學校及其國際主義理想的感情。」

　　燕京大學是教會學校，司徒雷登本人也是一位傳教士，但是他清醒地認識到，若嚴格遵循教會原來的辦學思想，不顧中國人的意願，學校就無法生存。他這樣確定燕京大學的辦學方向：「使燕大繼續保持濃厚的基督教氣氛和影響，而同時又不使它成為傳教運動的一部分。不應要求學生去教堂做禮拜，或強求他們參加宗教儀式，不應在學業上優待那些立誓信教的學生，也不要給那些拒絕信教的人製造障礙。它必須是一所真正經得起考驗的大學，允許自由地講授真理，至於信仰和表達信仰的方式則是個人的私事。」出於這樣的理念，司徒雷登在聘請教師上「相容並舉」，所聘教師不問宗教信仰，只看學問高低，對有名望、有真才實學者，高薪聘用，且中外教師同工同酬。一時之間，燕京大學雲集了當時的一大批名師，陳寅恪、錢穆、吳雷川、俞平伯、周作人、馮友蘭、鄭振鐸、謝冰心、錢玄同、費孝通、顧頡剛、張友漁、斯諾等都曾在燕京大學任教。

　　作為「燕大之父」，司徒雷登以其特有的人格魅力影響著燕京大學的師生。在燕京大學學習、工作過的冰心曾寫過一篇關於司徒雷登的文章，其中說：「司徒與燕大團體的關係是父母與子女的關係。」新人入燕大，首先受到的就是司徒雷登的禮遇，他努力與

第五輯

每個人建立起密切的「個人關係」。「你添一個孩子，害了場病，過一次生日，死去一個親人，第一封信、短箋是他寄的，第一盆花是他送的，第一個歡迎微笑，第一句真誠的慰語，都是從他那來的。」燕大校友回憶，每一個新學年開始，司徒雷登都會在自己居住的臨湖軒小院以茶點招待新生，每次招待會開始以前，他都會站在松牆外迎接學生，並同每一個到會的學生握手。

作為一所由教會創辦的大學，燕京大學最初是在美國紐約州立案註冊，受設在紐約的燕京托事部領導。司徒雷登的校長職務就是由這個托事部聘任的。但1928年起，中國政府規定凡在中國境內開辦的學校必須到中國政府立案，由中國人擔任校長。同時還必須設立董事會，華人必須在董事會佔多數，校長由董事會聘任，教育部批准。據此，燕京大學改向南京政府教育部註冊，並由吳雷川擔任校長。司徒雷登改為校務長，但司徒雷登在重大事情上仍有發言權和決策權。

燕京大學的事業蒸蒸日上，司徒雷登為此付出的心血得到了豐厚的回報。1930年6月17日，美國普林斯頓大學授予他榮譽文學博士學位，以褒獎他為溝通中西文化交流所做的貢獻。燕京大學的成就也引起了戰時美國總統羅斯福的關注。1933年，司徒雷登回美國期間收到了美國總統羅斯福的接見，羅斯福向他諮詢怎樣才能阻止日本佔領中國。

1936年6月，燕京大學的師生為司徒雷登舉行盛大的祝壽活動，這次祝壽活動沒有局限在北京一地，全國許多地方的燕大校友都參與其中。在燕園的慶祝會上，南京國民政府主席林森贈送了錦旗，國立北京大學校長和美國駐中國大使分別代表中外來賓向司徒雷登致祝辭。燕京大學的勤雜人員甚至還敲鑼打鼓地送給他一塊匾，上面寫著「有教無類」。6月24日晚上，燕京大學舉辦盛大的文藝演出。開幕前學生向司徒雷登贈送象徵「壯心不已」的精美刺繡，全場觀眾起

立向他行三鞠躬禮。這一切使司徒雷登在多年之後回憶時仍然激動不已。可以說，這次壽慶活動是他事業走上巔峰的一個標誌。

司徒雷登還對學生的愛國運動持寬容態度。1919年五四運動爆發後，不少傳教士主張對教會學校的學生加以制裁，而司徒雷登則對學生表示同情。1931年「九一八事變」爆發後，司徒雷登在學生舉行的反日愛國大會上慷慨陳詞，支持學生的愛國運動。同年12月，他還親自帶領學生上街遊行，和學生一起高喊「打倒日本帝國主義」的口號。

抗日戰爭正式爆發後，日本佔領北平。日方經常找藉口挑釁，逮捕燕京大學師生。司徒雷登少不得出面斡旋，奔走於美國領事館和日本駐軍司令部之間，他曾這樣說：「北平淪陷期間，我的學生在參加愛國活動之後，回校時總會興奮地告訴我，他們是如何用實際行動報效祖國和人民的。這使我感到十分欣慰。尤為感人的是他們已在身體力行燕大的校訓『因真理，得自由，以服務』。」

北平淪陷前一年，司徒雷登回美國時，就徵得美國托事部的同意，即便北平淪陷，也要繼續辦學。這個決策非常重要。抗戰爆發後，許多中國大學裏的青年一時不能轉移到後方，又不願就學於敵偽政權控制的學校，這時，燕京大學就成了他們理想的選擇。從1937年「七七事變」到1941年日本偷襲珍珠港的四年半時間裏，燕京大學繼續保持著辦學的常態。司徒雷登策略性地強調燕京大學是美國的，並懸掛起美國國旗，以防日機轟炸。他還聘請了一位會說日語的燕大校友為校長秘書，與日方周旋，包括保釋被捕的燕大學生。

1939年，司徒雷登在一次對全校師生的講話中說：「燕京大學不是『世外桃源』，不能『兩耳不聞窗外事』，而是要關心國家大事」，「現在的燕京大學處在淪陷區，不要被日寇的反面宣傳所迷惑」。日本人曾提出讓日本學生進燕大讀書的要求，司徒雷登表面

同意，但堅持應和中國學生一樣經考試合格方能錄取，結果雖有日本學生報考，卻因未達到標準，無一人進入燕大。

1941年12月，日本偷襲珍珠港，日美開戰。燕京大學隨即被日軍封閉，司徒雷登亦被日軍關進了看守所。在被日軍關押的三年多時間裏，司徒雷登與外界完全隔絕，不過他也沒閒著，而是在獄中撰寫回憶錄《在華五十年——司徒雷登回憶錄》。日本投降後，司徒雷登獲得自由。出獄後的第二天，他就回到燕大，著手重建被日寇蹂躪得不堪目睹的校園。

燕京大學在中國存在了33年（1952年院校調整時併入北京大學），其間還受到日本侵華戰爭的嚴重干擾，註冊學生總共不超過一萬人，但為中國培育了一大批高質量的人才。在燕京大學的各系中，新聞系的成就最突出。司徒雷登本人曾當過美國合眾社的新聞記者，所以他對新聞系特別重視，特聘請美國密蘇里大學的聶士蘇到燕京大學新聞系執教。燕大新聞系還與美國密蘇里大學新聞學院結成合作關係，該院院長曾親自到燕大招收新生。著名記者愛德格·斯諾曾在燕大任教兩年。二戰時，中國駐世界各大城市的新聞特派員，十分之九都是燕京大學新聞系的畢業生。

在辦學之外，司徒雷登還與中國的政界要員保持著良好的私人關係，閻錫山、宋哲元、張作霖、馮玉祥、李宗仁、白崇禧等都是他的朋友。1927年，經孔祥熙介紹，他認識了蔣介石，並贏得了蔣的信任。他義務為蔣介石做顧問，回美國時向宗教界、政界、商界替蔣介石遊說，他自己宣稱：「我是一個徹底的蔣介石的人。」1927年，國民黨實現形式上的統一，蔣介石的地位和聲望如日中天。作為一所教會大學的校長，司徒雷登能跟中國的一號人物有如此密切的關係，顯然不是一件壞事。可是，這種親密關係可能也是促使他後來成為「內

戰大使」的原因。當「內戰大使」的經歷讓司徒雷登以悲劇的方式離開了中國。這誠可謂「成也蕭何，敗也蕭何」。

「內戰大使」司徒雷登

　　司徒雷登雖然與蔣介石關係密切，但他對燕京大學師生的「左傾」思潮卻持寬容態度。美國進步記者斯諾在燕京大學任新聞系講師期間就與中共地下黨關係密切，對此，司徒雷登表示默許；後來，斯諾前往陝北採訪毛澤東等中共領導人，撰寫《西行漫記》，也得到司徒雷登的支持。另外，宣傳馬克思主義和宣傳抗日的刊物在燕京大學裏一直能夠正常出版，對於共產黨組織在燕京大學的發展，司徒雷登也持寬容的態度。孔子講「君子和而不同」，司徒雷登雖不認同共產主義，但這種寬容的氣度大有君子之風。也正因為這個原因，司徒雷登在中國人緣極好，威望甚高，在各黨各派都有著不錯的「人脈資源」。共產黨人最初對司徒雷登也非常尊重。1945年國共兩黨重慶談判期間，毛澤東和周恩來特意宴請司徒雷登和他的中國助手傅涇波。毛澤東還感謝司徒雷登為中國共產黨培養了很多人才。

　　正由於司徒雷登在中國有著廣泛的社會關係和良好的口碑，所以他才在1946年7月11日被美國任命為駐華大使。此時，國共兩黨已爆發內戰，馬歇爾的調停已走到了失敗的邊緣。馬歇爾希望利用司徒雷登在中國的良好聲譽扭轉時局。司徒雷登是一個基督徒，篤信和平，不願看到中國發生戰爭，他欣然領命。他說，國民黨方面「幾乎所有的高級官員過去都是我的朋友，或者至少是近幾年的熟人」。他還對蔣介石說：「我要按我們長期的友誼而不以我新擔任的美國官員的身份來處理我們之間的關係。」對於共產黨方面，司徒雷登亦有自信，他說：「他們中的幾位領導人我是相當熟悉的。

第五輯

許多燕京大學學生都已經『上山』了。」「我有教育方面的活動，以及我對中國人民的民族願望的深切同情也是人們普遍暸解的。實際上，中國人常常講，他們是把我當作自己人看待的。」可見，在擔任美國駐華大使之初，司徒雷登對前途還是十分樂觀的。

對於司徒雷登就任美國駐華大使，中國共產黨方面也發言表示歡迎，稱：「司徒博士為我共產黨之友人，堅信能與吾人和善共處。」但同時亦指出：「美國對華政策是華盛頓做決定的，主要並不依賴於司徒雷登博士，誰能幫助中國走向和平，誰就是中國人民真正的朋友。」

但是，司徒雷登的樂觀很快就被調停過程中遇到的難題擊毀了。他勸蔣介石不要發動戰爭，稱發動戰爭「將為共產黨提供一個破壞國民政府的絕好機會」，結果可能「導致共產黨控制全中國」，但蔣介石不聽。司徒雷登與周恩來會談，勸共產黨交出軍隊，以實現「軍隊國家化」。周恩來代表共產黨要求先組成統一的民主聯合政府，先實現「國家民主化」，然後才能實現「軍隊國家化」。調停進入了僵局。

更關鍵的是，美國政府一方面企圖通過調停化解國共兩黨之間的矛盾，另一方面又給予國民黨種種援助。這種明顯偏袒國民黨的對華政策註定不會收穫和平，這也註定了司徒雷登「內戰大使」的尷尬命運。

1946年11月4日，司徒雷登與國民黨的政府外交部長王世傑在南京簽署《中美友好通商航海條約》。根據這個條約，美國企業在華享有種種特殊待遇，中國部分地喪失了關稅自主權、沿海及內河航行權。中國輿論譁然。中國共產黨把11月4日稱為新的國恥日，認為「這是歷史上最可恥的賣國條約」。《文匯報》、《新民報》、《新

聞報》、《大公報》等媒體也批評說，中國這樣一個弱國與美國訂立
內容如此廣泛的商約，出讓如此多的優惠權利，實在是愚蠢之至。

　　隨後又發生了沈崇事件。北大女學生沈崇被在華美國士兵強
姦，沈崇事件刺激了中國人的民族情緒。案發後，北平、天津、上
海、南京、武漢、重慶等全國數十個大中城市學生和各界人士約50
萬人舉行聲勢浩大的示威遊行，抗議美軍暴行，要求美軍撤出中
國。此時，美國在大多數中國人心中的形象，很快從二戰時的援華
盟友，變成了依仗治外法權欺壓中國人的帝國主義國家。在國共兩
黨的戰爭和國人民族情緒的雙重夾擊下，司徒雷登感到非常無奈。

　　更關鍵的是，隨著戰爭的發展，國民黨方面越來越處於不利
的局面。為了維護美國的在華利益，司徒雷登醞釀在國民黨內「換
馬」。1948年10月，他直截了當地向美國國務卿馬歇爾說：「我們
可以勸告蔣委員長退休，讓位給李宗仁或國民黨內其他較有前途的
政治領袖，以便組成一個沒有共產黨參加的共和政府。」在得到美
國政府同意後，司徒雷登支持李宗仁在國民黨內「倒蔣」。1949年
1月，蔣介石下野，李宗仁代行總統權力。可是，此時的國民黨損
兵折將，大勢已去。

　　1949年4月23日，人民解放軍解放南京。作為美國駐華大使，
司徒雷登並沒有隨國民黨南撤廣州，而是留在了南京。他知道共產
黨取得全國政權已成定局，希望通過與中共接觸，繼續謀求美國與
中國的新關係。他認為，中美兩國的友好關係，不能因為國民黨的
失敗而宣告終結。

　　這時，中國共產黨也在努力尋找與美國重建聯繫的機會，遂派
原燕京大學學生、南京軍管會外辦主任黃華與司徒雷登接觸。黃華
代表毛澤東、周恩來邀請司徒雷登以私人身份訪問北平，這無疑是
中美之間重建外交聯繫的一次重要機會。

　　司徒雷登非常珍惜這個機會，他希望訪問北平，與毛澤東、周恩來等人就中美關係展開會談。他的中國助手傅涇波勸他「先斬後奏」，即不向美國彙報，就直接去北平訪問。但事關重大，司徒雷登考慮再三還是向美國政府做了報告，他說：「接受邀請肯定會使他們高興，並使我有機會陳述美國的政策……此行將是邁向互相諒解的一步，它將為美國官員提供一個絕無僅有的機會：同最高級的中國共產黨人非正式會談，機不可失。它將表明美國對中國動盪的政治潮流的坦率態度，並有可能對未來中美關係產生有益的影響。」

　　可惜的是，美國政府沒有聽取司徒雷登的建議。1949年7月1日，美國國務卿艾奇遜指示司徒雷登：「根據最高層的考慮，指示你在任何情況下都不能訪問北平。」冷戰思維支配下的美國政府，根本無法接受司徒雷登「轉變政策、接近中共」的建議，司徒雷登駐華大使的使命就此終結。1949年8月2日，司徒雷登趁機離開南京，黯然回國。從此他再也沒能回到中國。而中美之間的外交關係亦從此斷絕，直到1972年尼克森訪華。

　　1949年8月5日，就在司徒雷登離開中國尚未到達華盛頓之際，美國政府發表了《美國與中國之關係》的白皮書。美國政府選擇這個時機發表白皮書是有考慮的，一方面不影響司徒雷登撤離中國，另一方面又不給司徒雷登就白皮書內容發表不同意見乃至阻止發表的機會。白皮書將美國對華政策失敗的責任全推到了中國人的身上，包括共產黨，也包括蔣介石和他的國民政府。更關鍵的是，白皮書直接引用了美國駐華使館發回去的許多絕密報告，絕密文件的公開讓許多當事人甚為尷尬。

　　8月10日，司徒雷登到達華盛頓。他一下飛機就被美國遠東事務局局長巴特沃思下達了「封口令」，美方要求司徒雷登閉門不出，不能接受任何媒體採訪，亦不得對中美關係發表任何看法。

　　俗話說「禍不單行」，對司徒雷登來說亦是如此。當了一回美國駐華大使，卸任後非但沒得到禮遇，反而遭遇了「封口令」，這實在是一件讓人鬱悶的事。

　　讓他鬱悶的事不止於此。美國政府發表《美國與中國之關係》的白皮書後，中國共產黨人也非常氣憤，毛澤東迅速做出反應，連續發表5篇文章，針鋒相對地批評美國的對華政策。其中一篇有名的檄文就是〈別了，司徒雷登〉，在這篇發表於1949年8月18日的文章中，毛澤東把司徒雷登作為「美國侵略政策徹底失敗的象徵」加以嘲諷，文章說：「人民解放軍橫渡長江，南京的美國殖民政府如鳥獸散。司徒雷登大使老爺卻坐著不動，睜起眼睛看著，希望開設新店，撈一把。司徒雷登看見了什麼呢？除了看見人民解放軍一隊一隊地走過，工人、農民、學生一群一群地起來之外，他還看見了一種現象，就是中國的自由主義者或民主個人主義者也大群地和工農兵學生等人一道喊口號，講革命。總之是沒有人去理他，使得他『煢煢孑立，形影相弔』，沒有什麼事做了，只好挾起皮包走路。」

　　針對司徒雷登成為美國錯誤對華政策的替罪羊一事，毛澤東在文章亦有表述：「司徒雷登是一個在中國出生的美國人，在中國有相當廣泛的社會聯繫，在中國辦過多年的教會學校，在抗日時期坐過日本人的監獄，平素裝著愛美國也愛中國，頗能迷惑一部分中國人，因此被馬歇爾看中，做了駐華大使，成為馬歇爾系統中的風雲人物之一。在馬歇爾系統看來，他只有一個缺點，就是在他代表馬歇爾系統的政策在中國當大使的整個時期，恰恰就是這個政策徹底地被中國人民打敗了的時期，這個責任可不小。以脫卸責任為目的的白皮書，當然應該在司徒雷登將到未到的日子發表為適宜。」

　　當「內戰大使」的惡果並沒有就此結束。20世紀50年代初，「麥卡錫主義」在美國大行其道，凡是與蘇聯、中國等共產黨國家

有過關係的人都受到監控。司徒雷登亦不例外。他先被下了「封口令」，後來又被麥卡錫主義者騷擾，臺灣方面亦對他相當敵視。孤單壓抑的司徒雷登患上了腦血栓，最後半身不遂。

魂繫中國的司徒雷登

司徒雷登在晚年依然關注著中國。據當時照顧他起居的傅海瀾女士（司徒雷登的中國助手傅涇波的女兒）回憶，司徒雷登在生命的最後階段，常常唸叨一生中有兩個遺憾：一是1949年夏天沒有聽從傅涇波「先斬後奏」的建議，錯過了歷史機遇；二是沒機會再回中國。

對於自己在中國的經歷，司徒雷登自己說：「我一生中的大部分時間以中國為家。精神上的縷縷紐帶把我與那個偉大的國家以及偉大的人民緊緊聯繫在一起，我不但出生在那個國度，而且還在那裏長期居住過，結識了很多朋友。我有幸在那裏度過了我的童年，後來又回到那裏當傳教士，研究中國文化，當福音派神學院教授和大學校長。1946年，我在意想不到的情況下被提升為美國駐華大使。然而在1949年，作為大使，我最後卻很不愉快地離開了那個國家。」「我自己的處境也是一種嘲弄，過去我是美國自由主義和對中國親善的代表，而現在卻被誣衊為『美帝國主義』的官方代表，『扶助和縱容蔣介石為代表的反動沒落的封建制度的代理人』。社會各界的燕京畢業生也為我沒有繼續當校長而感到沮喪，這不是沒有道理的。不過，我作為外交官所吸取的第一個教訓——也是最深刻的教訓之一——就是言多必失。我希望他們終究會弄清楚，我始終是同樣一個人。」

在晚年，司徒雷登癱瘓在床13載。他自己沒有積蓄，請不起護工服侍。在這些最困苦的日子裏，他的中國助手傅涇波將其接到家

中，當父親一樣侍奉。傅涇波一家的悉心照顧，可能是司徒雷登在晚年唯一能感受得到的人間溫情。人世間的事情往往就是這樣，在你顯赫之時，你根本不用擔心鮮花和掌聲——各色人等都會在此時成為你的朋友，他們接近你、讚美你，並願意為你提供各種各樣的服務（儘管有許多你根本就不需要）。可是，在你潦倒之際，如果還有一個人能對你不棄不離（就像傅涇波對司徒雷登一樣），那你就應該大唸「阿彌陀佛」（或者上帝）——感謝這份真情，這才叫「雪中送炭」。它永遠比「錦上添花」崇高一萬倍！

1962年9月19日，司徒雷登在華盛頓去世，享年86歲。臨終之前，他留下了兩個遺願：一是將當年周恩來送他的一隻明代彩繪花瓶送還中國；二是將他的骨灰送回中國，安葬在燕京大學的校園內。關於骨灰的安排，司徒雷登在他的遺囑裏說：「我指令將我的遺體火化，如果可能我的骨灰安葬於中國北平燕京大學之墓地，與吾妻為鄰。」

2008年11月17日，在離世42年之後，司徒雷登的骨灰重返中國，但沒有葬在「燕京大學之墓地」，而是葬在了他的出生地杭州。好在回到了中國，這也算是對他在天之靈的一種安慰吧。

第五輯

教會女校與中國的女子教育

在一般人的印象中，中國的婦女解放運動是始於五四新文化運動，其實，最早對中國封建制度戕害女性進行強烈批判的並非五四時期的思想啟蒙者，而是西方的傳教士。早在19世紀下半葉，西方來華傳教士就批評中國的「三從四德」之道。美國著名傳教士林樂知說，「三從四德」歸根結柢可以用一個「順」字來概括，即培養女子的順從主義，「令婦女諂媚其夫，諂媚其夫之父母，諂媚其夫之兄弟，無往而不諂媚焉，斯為順之至矣」。

傳教士們以基督教的倫理來審視中國的婦女問題，認為在上帝面前，男女平等，「都是上帝的子民」。可是，中國男子有受教育的權利，而女子沒有，這實在是不平等。為了救助受苦受難的中國女性，一些傳教士開始在中國創辦女塾，免費招收窮苦人家的女孩進校讀書。

早在鴉片戰爭之前，德國傳教士郭士立的妻子溫施蒂在澳門收容了幾個窮人家的女孩，開辦女子讀書班。這可以說是傳教士在中國開展女子教育的最初嘗試。1840年，英國東方女子教育促進會的阿爾德小姐就在寧波創辦了一所女塾，這是中國本土最早的一所教會女子學校。隨後，教會女校在中國沿海地區紛紛建立了起來，至1877年，在華傳教士共開辦女子寄宿學校38所，學生777人，其中，隸屬美國教會的有24所，學生464人；女子日校（非寄宿）82所，學生1307人，其中美國傳教士所辦57所，學生957人。當時，著名的女校有：1850年，美國聖公會傳教士格蘭德女士在上海（後與著名傳教士裨治文結婚）所辦的裨文女校；1851年，美國聖公會傳教士鍾斯女士在上

海虹口創辦的文紀女校；1854年，美國公理會在福州創辦的福州女書院；1864年，裨治文夫人格蘭德在北京創辦的貝滿女學等。

　　教會女學創建之初，招生極為困難。當時，中國沒有女子接受學校教育的傳統，女孩走出家門、拋頭露面就已經是「大逆不道」了，遑論接受教育。再加上一般民眾對傳教士的誤解和猜忌，敢於送女孩子上教會學校的家長非常之少。同時，由於此時的教會教育還沒有引起傳教士的足夠重視，教會女校的創辦目的主要是為了吸收信徒和培養女佈道師。當時，教會女學的水平僅停留在小學階段，主要課程有漢語、《聖經》、數學、地理、歷史、英文等。

　　到了19世紀60年代，隨著傳教士對教育事業的普遍重視，教會女學的規模也開始擴大，教育水平開始提高，一大批女子中學開始建立。1881年，裨文女校和文紀女校合併，成立了聖馬利亞女校，由黃素娥（後來成為聖約翰大學校長卜濟舫的夫人）任校長。1884年，美國美以會在鎮江創辦鎮江女塾，1892年，林樂知在上海創辦了中西女塾。1895年，裨治文的夫人溫施蒂在北京創辦的貝滿女學擴大為貝滿女校，開設中學課程。緊接著，在20世紀初，又湧現出一批教會女子大學，如由貝滿女校發展而來的華北協和女子大學於1905年成立，華南女子學院於1914年成立，金陵女子文理學院於1913年成立（延至1915年開學）。此外，還有一些教會學校實行男女同校制度，如嶺南大學、金陵大學等。

　　隨著教育的正規化，教會女校在教學內容、教學管理、教學方法上都取得了很大的進步，其培養目標已經不再是為了吸收信徒和培養女佈道師了，而是為培養兼通中西文化的世俗人才。中西女塾的第二任校長連吉生女士公開聲稱，女塾的辦學宗旨就是為了培養世俗人才，「專教中華女子中西史書與一切有關實用之學，以及刺繡縫紉等事」。

　　值得注意的是，這一時期，傳教士們對女子教育的意義已經有
了更高的思想認識。美國著名傳教士林樂知說：「教女之法，古者中
國有之。後世輕女重男，其制不立，遂若讀書明理，專為男子之事，
與女子無預，識者未嘗不難其偏而以西國男女並教為至善也。」林樂
知說「教女之法，古者中國有之」其實是為了照顧中國人情緒的一種
託詞，其主要用意就是要改變中國男尊女卑的傳統和女子不能接受教
育的落後局面。這也是他創辦中西女塾的最初動機。

　　有意思的是，在傳授一般的世俗知識技能外，有的教會女校還
有專門針對女子的課程。如聖馬利亞女校（後改為聖馬利亞女子學
院）辦學的目的是「使學生日後能成為賢妻良母，創建安樂家庭」，
為達到此目的，除了學習儒家基本經典和《聖經》基本經典外，還
開設了育兒、烹飪、家庭經濟學、家庭美化、紡織、園藝等課程。

　　經過幾十年的發展，教會女校和教會女子大學為中國培養出
了第一代職業女性。比如，華北女子協和大學是傳教士在中國開辦
的第一所女子高等教育機構。這所學校就培養出了許多傑出的女子
人才。1911年的畢業生丁淑靜曾擔任中華基督教女青年會全國協會
總幹事，1919年的畢業生李德全曾任中華人民共和國的衛生部長。
1920年，華北女子協和大學正式合併到燕京大學中，燕京大學遂成
為中國教育史上最早包括女子學生的大學之一。燕京大學在50年代
初又成為北京大學的一部分。可以說，當今的北京大學亦曾得益於
傳教士創辦的教會女學。

　　教會女校和教會女子大學培養出的中國第一批知識女性首先衝
破了封建枷鎖的束縛，自立於社會，她們是中國女性解放運動的先
驅，她們除了自己在醫藥界、學術界、宗教界等領域取得成就外，更
重要的意義是為日後中國女性的解放提供了可以參照的現實標杆。

　　另外，在教會女校和教會女子大學的刺激之下，國人也開始逐漸重視女子教育。1898年，梁啟超聯絡經元善、嚴曉舫、汪襄卿等於1898年在上海創辦了經正女學，這是中國人自辦的第一家女子學校（比傳教士創辦的女學晚了五十多年）。這所學校仿照林樂知創辦的中西女塾而建，梁啟超、經元善等人與傳教士林樂知、李提摩太關係密切，由於這個原因，經正女學還採用了林樂知、李提摩太等人編輯出版的教科書、圖表和地圖。該校所聘請的教習也多來自教會女校，如中西女塾、貝滿女校和聖馬利亞女子學院，林樂知的女兒林梅蕊亦在聘請之列。可見，教會女校對近代中國女子教育事業影響之巨大。

昨夜西風
——教會學校在中國

教會學校在中國的創建

從某種意義上講，近代中國走向現代化的過程也就是發現西方、學習西方的過程，中國近代教育的發展自然也不例外。在中國教育走向現代化的過程中，傳教士和教會學校均起到了重要的作用。

最早的教會學校是英國傳教士馬禮遜、米憐在麻六甲創辦的英華書院。這所成立於1818年的教會學校「以交流和傳播中西學術及傳播基督教為宗旨」，「一則造就歐洲人學習中國語言文字，二則培養東南亞地區華人和華僑子弟學習西語和西學，使皆能以英語接受西歐文學及科學之造就」。

英華書院在1818年創辦時只有7名學生，後來不斷增加，到1831年增至200人。香港成為英國的殖民地後，理雅各於1843年11月將全校遷入香港。這所學校的教學科目有地理、歷史、數學、倫理學、基督教神學及英文、馬來文等，教育程度只有小學和中學。

英華學院最有名的一點是它培養了中國的第一批華人牧師，如梁發、袁德輝、何進善等。其中，梁發是新教首位華人牧師，在傳教的過程中，他著有不少傳道書，其中一本《勸世良言》為洪秀全所得，引發了洪秀全創立拜上帝教及隨後發動轟轟烈烈的太平天國起義。袁德輝後來曾到北京任清朝理藩院通事，林則徐赴廣州禁煙時，他隨行翻譯，並幫助林則徐翻譯外報，是林則徐瞭解外國情況

的重要助手。何進善的兒子何啟後來成為著名的改良思想家和香港名流，他還有兩個女兒，一個嫁給了外交家伍廷芳，另一個嫁給了中國第一位西醫黃寬。

英華書院之後，1830年，英國公理會傳教士裨治文在廣州創辦了貝滿學校，收留窮人家的孩子讀書，這是美國傳教士在中國本土建立的第一家學校，也是近代基督教新教在中國建立的第一所學校。其後，陸續有傳教士在中國創辦學校。至1877年，歐美各差會在中國開辦的學校共有347所，招收學生5017人，其中美國佔202所，學生3117人。其中比較有名的學校有：1844年建立的寧波男塾、1850年建立的上海清心書院、1853年建立的福建格致書院、1864年建立的山東蒙養學堂、1864年建立的北京貝滿女塾、1865年建立的北京崇實館、1865年建立的上海培雅書院、1866年建立的上海度恩書院、1867年建立的北京潞河男塾等。

教會學校的教學內容一般來說主要有三方面：一是宗教教育。課程主要為《聖經》，重點在創世論、贖罪論和耶穌生平等教義上。此外，學生還參加各種宗教活動，如禱告等。二是中國傳統的儒家經書。一般包括《三字經》、《千字文》、《百家姓》、「四書」、「五經」等。學習中國經書一是為了適應當時中國科舉考試的需要，再者也是為了學生畢業後能夠與士大夫和地方官紳接觸，適應中國的社會文化環境。三是西方科學知識，如數學、物理、化學等。在當時清政府極少重視西方科學的情況下，教會學校開設的科學課程，對落後的中國來說，具有重大的啟蒙作用。此外，一些教會學校還開設了英語課。英語課的設立為中西文化的溝通和交流開闢了一條渠道，有助於中國的近代化。

早期的教會學校，多採用免費招收窮人家的孩子入學的方式來辦教育，傳教士們之所以這樣做，是有著不得已的苦衷的。在新教

傳教士踏上中國國土的初期，中國民眾對基督教非常陌生，傳教士要想吸收教徒異常艱難。在這種情況下，一些傳教士開始考慮通過免費提供教育來吸引兒童，從小教育、培養他們，以便於他們日後能成為基督徒。因此，早期的教會學校，教育是「傳教」的一種輔助手段，傳教士吸引一些窮人家的孩子入學，其主要目的是為了日後讓這些孩子皈依基督。

　　正因為基於上述辦學思想，早期的教會學校一直沒有太大的起色。直到19世紀60年代，中國本土的教會學校一般只停留在小學和中學水平，學校規模也只有幾人到十幾人而已，幾十人的學校已屬罕見。可以說，這個時期辦教會學校還只是屬於一些傳教士的個人行為，尚未引起他們所在差會的足夠重視。有的傳教士甚至認為，傳教士辦學是一種不務正業的行為，不值得提倡。

　　儘管如此，早期的教會學校畢竟打破了中國封建教育體制的壟斷地位，為中國輸入了西方的教育模式和基礎的西學。19世紀60年代以後，隨著洋務運動的興起，中國社會逐漸改變了對西學的看法。洋務運動需要大量西學人才，這也促使傳教士們反思早期教會學校的教育模式，進而導致了教會教育進入到了一個迅速發展的階段。

狄考文的教會教育理念

　　教會學校的迅速發展與美國長老會傳教士狄考文教育理念的推廣關係重大。1877年5月10日至24日，在華新教傳教士在上海舉行新教入華70年（自1807年馬禮遜來華）來第一次傳教士大會，有142名傳教士代表各國在華的19個差會（共473名傳教士）參加了大會。會上，美國傳教士狄考文對當時流行的教會學校的辦學模式提出了批評。他認為，過分強調直接為福音佈道服務的辦學模式是

「片面和不完整的」，它束縛了辦學者的手腳，使教會學校停留在「初級班的水平」，教學內容也主要限於基督教義。這種福音化辦學模式無法真正推進傳教事業，因而必須進行「全面的修正」。

狄考文提出的建議是：其一，改革教學內容，教會學校要承擔起傳播西學的責任，為此，要編輯世俗的教科書；其二，提高教育水準，「毫不猶豫地在中國建立一些高水準的學校」；其三，打破傳教士個人零星辦學的狀況，各教會學校之間進行良好的合作與分工。

狄考文認為，教會學校要承擔起傳播西學的責任，培養出中國社會所需要的高級人才。只有這樣，才能使傳教士「取得士大夫的尊重和信任」。他說：「西方文明與進步的潮流正向中國湧來，這股不可抗拒的潮流必將遍及整個中國，許多中國人正在探索和渴望學習使國家強大的科學。」在這種情況下，傳教士「要努力培養在中國這場註定要出現的偉大變革中起帶頭作用的人才」，「精通地理學、物理學、化學和天文學知識的中國牧師將取得其他途徑無法得到的聲譽和影響」，而「傳教士由於掌握了傲慢的中國士大夫既無法否認又難於抵禦的科學知識，也會取得士大夫的尊重和信任」。

狄考文還認為，中國社會上流行很多迷信思想，這些落後的觀念阻礙著基督教在中國的傳播。而傳播西方的科學知識可以清理和根除迷信，「為基督教的全面勝利開闢一條大道」。同時狄考文還敏銳地指出，在中國社會變革的過程中，如果傳教士不傳播西學，那麼，「科學、藝術和物質的改善就會落入基督教敵人的手中」，並被用來阻礙基督教在中國的發展，即「科學技術不成為基督教的朋友，就會成為基督教的敵人」。因此，「基督教會的良機，就在於培養既能接受基督教影響又能領導這場偉大的精神和物質變革的人才」。

在此次傳教士大會上，狄考文的觀點引起了激烈的爭論。一部分傳教士（主要是基要派傳教士）仍然認為傳教士的主要任務是

「傳播上帝的福音」，把太多的時間和精力用於辦學是不務正業，「向中國傳播科技知識固然重要，但它應該由別人去做，而不該是傳教士」。但是，一些自由派傳教士則支持狄考文的觀點。最後，大會在韋廉臣和丁韙良的建議下成立了「學校教科書委員會」，專門負責籌畫教會學校教科書的編撰、出版。從1877年到1890年，這個委員會共編輯出版世俗教科書89種，發行三萬多冊。狄考文建議教會學校「傳播西學」和提高教育水準的想法也得到了不少教會學校的回應。

1876年，由狄考文主持的登州文會館宣佈具有大學水準，開全國教會學校之先河。隨後，1879年，上海聖約翰書院宣佈具備大學水準。1886年，北京潞河書院也宣佈提供高等教育。就這樣，中國出現了第一批教會大學。

1904年，登州文會館與英國浸禮會在青州創建的廣德書院合併，隨後遷至濰縣，合稱「廣文學堂」。1917年，廣文學堂又遷往濟南，與青州的神道學堂、濟南的共和醫道學堂合併，成為日後著名的齊魯大學。

1905年，聖約翰書院正式升格為聖約翰大學，在美國華盛頓州註冊，大學設文學院、理學院、醫學院、神學院四所大學學院以及一所附屬預科學校，成為獲得美國政府認可的在華教會學校。1913年，聖約翰大學又開始招收研究生，1936年開始招收女生，發展成為一所擁有5個學院16個系的綜合性教會大學，是當時上海乃至全中國最優秀的大學之一，學生多是政商名流的後代或富家子弟，而且擁有很濃厚的教會背景。潞河書院後於1901年更名為協和書院，1912年更名為華北協和大學。1917年大學部遷到北京城內與匯文大學合併，組成燕京大學。這些學校在中國教育史上聲名顯赫，為中國社會培養了許許多多的人才。

第五輯

教會大學與中國的西化進程

　　教會大學自19世紀末在中國創建成型，到20世紀50年代全國高等學校院系調整時被撤銷，其在中國生存、發展的歷史不足百年。但是，這不足百年的時間恰恰是中國西化最快、社會變革最劇烈的時期。洋務運動、戊戌變法、義和團運動、廢除科舉、民國建立、新文化運動……一系列歷史事件不僅使中國社會發生了深刻的變化，而且也使中國人對西學有了更深入的瞭解和更高層次的需求。在這個過程中，西式教育一步步地取代中國封建科舉教育，最後成了中國現代教育的主流。在中國教育蛻變乃至文化轉型的過程中，教會大學一度起到了開風氣、引潮流的作用。

　　教會大學最直接的一個功能就是把西方高等教育的模式引入了中國。中國傳統的科舉教育以儒學經典為教學內容，以培養官僚為目標，內容和目標都比較單一。與之相比，教會大學則以傳授各類西學（包括物理、化學、天文學、醫學、地理、歷史、西方文學、神學等）為教學內容，以培養現代社會所需要的各類技術、藝術人才為目標，教學內容多樣化，教育目標多元化。

　　此外，與中國傳統科舉教育所奉行的「兩耳不聞窗外事，一心唯讀聖賢書」不同，教會大學注重學生的課外活動。各教會學校的特點不同，其課餘學術活動、文體活動、社會服務活動的側重點也有所不同，但就總體而言，教會大學一般都有各種學術組織、文娛團體和活動機構。金陵大學在20世紀30年代有各類學生社團三十多個，如英文研究會、工業化學社、植物學會、經濟學會、歷史學會、中國文學會等。燕京大學則有文學研究會、讀書會、詩社等學生社團，其中尤以新聞系學生主辦的「新聞社」最為活躍，他們編輯、出版了自辦報紙《燕大報務之聲》和《平西報》。當時，一二

年級的學生負責採訪，三年級的學生側重於編輯，四年級的學生側重於撰寫社論、時評、雜文等評論文章。東吳大學的學生社團則以擅長經濟調查出名，該校的經濟學會曾組織會員調查蘇南各地的工業現狀，不少學生在調查之後寫出了高水準的調查報告，如尤敦信的《中國桐油工業之調查》、汪葆熙的《中國黃絲業之危機》、劉思榮的《中國今年絲織物外銷衰落的原因及其對策》等。

　　值得一說的是，教會大學普遍重視體育。由於這些學校與西方國家有著密切的聯繫，不少現代體育項目（如籃球、足球、排球、棒球等）和體育設施也率先亮相教會學校，然後才逐步普及到全社會。嶺南大學校友簡又文曾在他的《嶺南笑史》中講過這樣一件趣事──

　　　在一次全省運動會上，嶺南學生代表隊首先穿釘底鞋參加賽跑比賽，幾乎奪走了所有賽跑專案的金牌。當時社會人士及學界對釘鞋少見多怪，「譁然驚駭，譏罵備至」，指責嶺南學生「奸賴」，「毒辣」，竟施如此奸謀毒計，「特製釘鞋以踐踏同賽者之腳，故得場場獲勝」。但到了下屆運動會上，幾乎各校參加賽跑的運動員都穿上了釘鞋。

　　當時，教會學校之注重體育，不僅僅是為了健身和娛樂，而且還將強身與強國直接聯繫起來。在中國人被外國人稱為「東亞病夫」的時代，大學生有如是觀念，實屬一種覺醒與進步。

　　重視實驗、講求實證，強調社會參與熱情和動手能力的培養是教會大學的又一大特色。狄考文主持的登州文會館就極其重視實驗。該校很早就建有理化實驗室，設備一部分購自美國，一部分是

由狄考文和他的學生們自行設計製造的。後來被認為是齊魯大學四大設備的實驗室、機電房、天文臺、印刷廠，早在登州文會館時就基本建成了。為了培養學生的動手能力，狄考文還指導學生在學校建立教學儀器研製所。後期學校所有的教學儀器，大多數都是這個研製所製造的，其產品不僅滿足本校的教學需求，而且還有全國各地的高校前來定製。為此，狄考文又幫助他的學生丁立璜在濟南創辦了山東理化器械製造廠，專門生產教學儀器，供應全國高校。

金陵大學農林科注重貫徹為農村服務的辦學理念，早期的學生半工半讀，參加開荒、耕種等田間勞動。學校還經常組織學生利用鄉村集市、廟會等機會舉行演講，宣傳農業耕作的科學方法。後來，農林科擴建為農學院，又在江蘇、安徽、河南、陝西等省自辦或合辦試驗農場23處，各系學生可到農場實習，亦可利用暑假時間參與農場的技術研究和管理工作。

金陵女子文理學院的辦學宗旨是「厚生」，學校十分重視培養學生熱愛生命、服務社會的精神。抗戰前，金陵女子文理學院曾在南京本校對面設立鄰里服務處，為失學兒童開辦小學。抗戰期間，學校遷至四川成都，又在四川仁壽縣設立鄉村服務處，這個服務處又下設3個組：婦嬰組、挑花組、雞種改良組。婦嬰組由醫學專業的學生組成，專門為農村婦女和兒童服務，如為孕婦進行產前檢查、為產婦接生、為嬰兒打預防針及宣傳各種婦幼保健常識等。挑花組則組織當地婦女繡桌布、臺布等，由學校向婦女們發工資，她們所刺繡出的產品則由學校聯繫銷往國外。雞種改良組由生物系學生組成，他們負責指導當地的雞種改良工作，推廣產蛋率高的來航雞飼養技術。

注重人格培養，注重良好的師生關係建設是教會大學又一鮮明的特徵。在中國傳統的宗法社會裏，老師的地位是崇高的，所謂

「天地君親師」是也。尊師重教自然沒錯，但在長期的歷史演變中，老師的地位因高高在上而顯得莊重有餘，親切不足。傳教士們來中國辦學，他們心目中的師生關係一開始就與中國人那套「天地君親師」的概念不同。傳教士們大都有著強烈的宗教信仰和宗教情懷，認為大家都是「上帝的子民」，要平等相待，與人為善。因此，主持教會大學的校長們往往與學生「打成一片」，師生之間有著一種親密和諧的人際關係。在燕京大學學習、工作過的冰心曾寫過一篇關於司徒雷登的文章，其中說：「司徒與燕大團體的關係是父母與子女的關係。」新人入燕大，首先受到的就是司徒雷登的禮遇，他努力與每個人建立起密切的「個人關係」。「你添一個孩子，害了場病，過一次生日，死去一個親人，第一封信、短箋是他寄的，第一盆花是他送的，第一個歡迎微笑，第一句真誠的慰語，都是從他那來的。」燕大校友回憶，每一個新學年開始，司徒雷登都會在自己居住的臨湖軒小院以茶點招待新生，每次招待會開始以前，他都會站在松牆外迎接學生，並同每一個到會的學生握手。上海聖約翰大學的校長卜舫濟也是如此，他待人平易，經常到學生宿舍看望學生，而且幾乎每天清晨都會手捧鮮花到醫務室的病房中去看望病人。教會大學校長憑藉著自己特有的人格魅力，感染著學校裏的師生，形成了一種強大的凝聚力。

　　教會大學的上述這些特徵與整個中國社會的西化過程同步進行，其本身既是中國社會西化過程中出現的特有現象，同時又有力地推進了中國的西化進程。正因如此，與同時期的國立大學相比，教會大學裏的師生比較「洋氣」。過去，這種「洋氣」常常受到指責，認為是一種「忘本」的表現，今天看來，這種「洋氣」其實正是現代大學國際化特徵鮮明的標誌。當年教會大學師生們流利的英語、時髦的裝束、與眾不同的談吐風度正是中西方文化相互碰撞、交流的產物，

第五輯

而他們的這些特質日後也確實成了他們與世界進行外交、文化活動的特殊資源。比如，著名作家林語堂日後之所以能用以英文寫作，恐怕就與他在聖約翰大學受到的良好的英文訓練分不開。

教會學校在中國的式微與消失

　　教會學校在中國的式微和最終消失，並非因為學校教育本身，而是因為中國社會複雜的政治原因。新文化運動之後，救亡圖存成了中國人最緊迫的時代課題。在內憂外患、滿目瘡痍的國家面前，中國人（尤其是青年學生）的民族情緒日益高漲。在民族主義、國家主義思潮的影響之下，中國的青年知識份子認為，基督教也是西方列強侵略中國的一種手段，所以必須予以拋棄。這樣就引發了1922年的「非基督教運動」。

　　「非基督教運動」的直接起因是1922年世界基督教學生同盟在北京清華大學舉行第十一屆大會。一百多位來自三十多個國家的與基督教有關的人士雲集清華，討論「如何宣傳基督教與現代學生」、「學校生活如何基督化」、「現代學生在教會中的責任」等問題。此次大會刺激了中國學界，強化了他們所認為的帝國主義利用宗教對華進行文化侵略的觀點。於是，北京、上海等地的愛國學生首先組織了「非基督教學生同盟」，並於3月9日發表了「非基督教學生同盟宣言」，聲討帝國主義利用基督教侵略中國的行徑。不久，這一組織擴大為「非宗教大同盟」，許多著名學者和黨派名流也加入其中。4月4日，即「世界基督教學生同盟」大會開幕的當天，李大釗、鄧中夏等12人在《晨報》上發表了「非基督教宣言」，4月9日，即「世界基督教學生同盟」大會閉幕當天，「非基督教大同盟」在北京召開了上千人參加的反宗教大會。李石曾、蔡

元培等人發表了演說，以科學的名義譴責宗教，並號召教育與宗教分離。由於「非基督教運動」有明顯的反帝愛國訴求，所以在青年學生中具有重大影響，以至於不少教會學校的師生也加入其中。

其實，「非基督教運動」之所以發生，其深層原因是中國社會各界民族主義情緒的滋長，以及隨之而來的對基督教在華勢力擴張的警覺。1922年5月，基督教會人士在上海召開第五屆全國大會，大會之前，他們出版了一本《中華歸主》的書，總結基督教二十多來在中國的發展歷程。這份精確的報告書一方面讓教會人士看到了他們傳教工作取得的巨大成就，但另一方面則讓中國的非基督教人士產生了高度的警覺心，他們認為這是基督教勢力對中國知識份子的一種挑戰，亦是基督教文化對中國文化的一種侵蝕。中國人必須奮起自衛，遏制基督教在中國的迅速傳播。

在「非基督教運動」中，教育成了雙方關注的主要焦點。在愛國主義和仇外反洋情緒的綜合作用下，中國知識份子提出了「收回教育主權」的口號。1922年，蔡元培在〈教育獨立議〉一文中表述了學校脫離教派和政黨控制，教育與宗教分離的主張，此文得到了不少人的回應。1923年10月，「少年中國學會」召開會議，通過了實行民族教育、反對宗教團體辦學的方案。到1924年，收回教育權已經成為各地反對教會學校的一致輿論。這一年7月，中國教育改進社召開第三次年會，會上，收回教育權亦成為最重要的議題。此次會議通過決議：要求政府制定嚴密的學校註冊條列，反外人藉辦學進行侵略，經調查屬實應由政府勒令停辦。同年10月，在開封召開全國各省教育聯合會議第十屆年會，會議決議的主要內容也是要取締外國人在國內創辦的學校。

收回教育主權已然使「非基督教育運動」有了更具體、更明確的目標，而1925年「五卅」慘案的發生再次助燃了中國人的愛國情

緒。在中國人反帝愛國情緒一浪高過一浪的情況下，北洋政府教育
部於1925年11月16日正式頒佈「外人在華設立學校認可辦法」。其
中規定：外人在華設立學校應向中國政府註冊；中國人參加學校的
行政領導；取消宗教課程與宗教儀式；平等對待中外教師；學校必
須承認辦學的目的是為了教育而不是為了傳播福音等。

　　為了在中國繼續辦學，各教會學校陸續向中國政府進行註冊。
到了20世紀30年代初，除了上海聖約翰大學外，所有教會大學都履
行了註冊手續，教會創辦的中小學也完成了註冊工作。這意味著教
會學校不僅在行政管理、組織形式、人員任命等方面要根據中國政
府的要求進行改革，而且，教會學校的課程設置、培養目標和相應
的文化氛圍亦受到了很大影響。自此，教會學校便一步步地開始式
微。加之中國很快進入了抗戰時期，各大學陸續西遷，整個社會動
盪不已，教會學校很難在保持獨立地位。最後，中華人民共和國於
20世紀50年代之初進行了一次大規模的全國高校院系調整，在這次
調整中，外人在中國辦教育的歷史被徹底終結，教會學校在中國大
陸徹底消失。

教會學校對中國教育的示範作用

　　在19世紀的上半期，教會學校是一種完全游離於中國主流社會
和教育體系之外的事物，尚不為世人所關注。當時，教會學校所招
收的學生都是來自底層的窮苦孩子，而且絕大數日後成了牧師和教
會學校的教習。這一階段，教會學校雖然宗教色彩濃郁，但因影響
極小，所培養的人才處於「自產自銷」的階段，不為國人所知，對
中國教育很難形成具體的影響。到了19世紀後半期，隨著洋務運動
的開展和維新運動的興起，中國人對西學的態度發生了重大轉變，

與之相呼應，教會學校也進行了較大調整，他們加大世俗教育的內容和力度，培養出了多種多樣的西學人才。在變法圖強的時代潮流中，教授西學的教會學校引起了越來越多的中國人的關注。很多人認識到，相對於中國傳統的科舉教育，教會學校所倡導的西式教育有很多優越性。在當時，教會學校其實就是移植到中國的西式學堂，西式管理、西學課程和西化的校風使教會學校成為西方文化和教育體系的引進者和傳播者。

在維新變法運動中，傳教士力圖通過教會學校對中國教育改革施加影響。他們相信，辦好教會學校可以「使中國各種學校，見吾會中所設之學校，整齊完美，必能引起其奮發之心，或相與觀摩以求其效，或力圖完美以自振興」。為此，不少傳教士建議中國新建大學應學習教會學校，聘請傳教士來指導辦學。應該說，在西學人才匱乏的情況下，傳教士及他們所創辦的教會學校確實為洋務運動和維新變法運動提供了很多的智力支持和輿論幫助。晚清所創建的各類新式學堂，其參照系除了西方的學校便是傳教士們在中國所創建的教會學校。至於京師大學堂、北洋大學、南洋公學等當時著名的學堂，則直接與傳教士相關，丁韙良、丁家立、福開森三位著名傳教士就分別在上述三所學堂擔任總教習或校長，影響自不待言。

教會學校的另一個示範作用是：教會學校所代表的西方教育體制被中國人自辦的新式學堂所借鑒。大家都知道，中國人自辦新式學堂始於20世紀初，當時，剛剛廢除科舉教育，中國人辦新式教育沒有先例可循，而傳教士所辦的教會學校以及傳教士在一些書籍中所描述的西方教育模式就成了中國教育模仿和比照的對象。所以，在中國興辦新式學堂的浪潮中，很多官員都以教會學校為榜樣。湖廣總督張之洞在湖北創辦新式學堂時就曾派湖北巡撫端方和幕僚梁鼎芬到文華書院取經。

第五輯

　　總之，教會學校雖說最初是基督教運動的副產品，但在以後的發展過程中，它已然成為中國近代教育事業的一部分。教會大學不僅培養出了一大批高級神職人員，而且更造就了一大批具有堅實西學功底的中國知識份子，這些人日後在中國社會的各個方面都發揮了重要的作用。

附錄一
傳教士與近代中國之最

最早的醫院

中國近代最早的西式醫院是美國傳教士彼得・伯駕1835年在廣州創辦的新豆欄醫局。彼得・伯駕（Peter Parker）1804年生於美國麻塞諸塞，1831年畢業於耶魯大學，1834年被美部會派遣來華，是美國第一個來華傳教是士。1835年11月4日，他在廣州新豆欄街7號的豐泰洋行內租屋開設「廣州眼科醫局」，又稱「新豆欄醫局」。林則徐曾找伯駕治療過疝氣（詳見本書〈彼得・伯駕與林則徐的疝氣〉一文）。這是中國第一所新式教會醫院，西醫自此正式傳入中國。

最早的女子教育

19世紀30年代，德國傳教士郭士立的妻子溫施蒂在澳門收容了幾個窮人家的女孩，開辦女子讀書班。這可以說是傳教士在中國開展女子教育的最初嘗試。1840年，英國東方女子教育促進會的阿爾德小姐就在寧波創辦了一所女塾，這是中國本土最早的一所教會女子學校。

最早的現代大學

中國最早的現代大學是美國長老會傳教士狄考文在山東登州開辦的登州文會館。登州文會館原是一所小學，後演變為教會中學，1882年登州文會館正式升為學院。

中國最早的盲校

19世紀70年代，英國傳教士穆威廉在北京成立啟明瞽目院（新中國成立後改名為北京盲校），這是我國第一所盲校。

最早的留學生

近代中國最早的留學生是容閎，他是由傳教士布朗帶出國門，到美國耶魯大學讀書，並於1854年獲得學士學位。

最早的女留學生

中國最早的女留學生有4位，分別是金雅妹、何金英、康愛德、石美玉。這4位近代中國最早的女留學生，從小接受教會啟蒙教育，受傳教士的培養、訓練；她們出國留學的方式同出一轍：都是由傳教士帶出國門，並且傳教士創辦的教會女學成為她們出國留學的中轉站；4位女留學生前往留學的國家都是美國，在美國她們均學習醫學；歸國後，她們一直獻身於醫學事業。

最早的漢英、英漢字典

　　1815年，英國傳教士馬禮遜在澳門為了翻譯工作，編寫了中國第一部英語學習字典《華英字典》。《華英字典》是世界上第一本英漢－漢英對照的字典，篇幅大內容豐富，有豐富的例句及解釋，並收錄大量成語、俗語。

最早的印刷所

　　墨海書館本來是英國倫敦傳教會設在南洋巴達維亞的一個印刷所，由英國傳教士麥都思負責。中英《南京條約》簽訂後，麥都思於1843年從南洋來到上海傳教，遂將該印刷所一併遷來，定名為墨海書館，這是西方人在中國開辦的第一個現代化的印刷出版機構。

最早的聾啞學校

　　中國的聾啞人用手語進行表達一直是隨意的，不規範，不統一。我國最早創建規範的手語並建立最早的聾啞學校的是美國傳教士梅裏士1887年在山東登州（今蓬萊）創辦的聾啞學校，這是我國聾啞人教育的開端。

最早的痲瘋病院

　　1921年，美國傳教士愛伯特和義大利傳教士法德路等在昆明市創建雲南省痲瘋病院，這是中國第一家痲瘋病醫院。

中國最早的現代農業

美國傳教士倪維思和梅里斯在19世紀70年代將美國大花生引入山東，成為20世紀山東重要的經濟出口作物，倪維思還培育了著名的煙臺蘋果。這開啟了中國現代農業的大門。

附錄二
參考文獻

《劍橋中國晚清史》（上、下），（美）費正清、劉廣京主編，中國社會
　　科學出版社1994年版。

《劍橋中華民國史》（上、下），（美）費正清主編，中國社會科學出版
　　社1994年版。

《偉大的中國革命》，（美）費正清著，劉尊棋譯，世界知識出版社2000
　　年版。

《中國：傳統與變遷》，（美）費正清、賴肖爾著，張沛、張源、顧思兼
　　譯，世界知識出版社2002年版。

《觀察中國》，（美）費正清著，傅光明譯，世界知識出版社2003年版。

《中國近百年政治史》，李劍農著，復旦大學出版社2002年版。

《萬古江河》，許倬雲著，上海文藝出版社2006年版。

《裂變中的傳承》，羅志田著，中華書局2003年版。

《中國心靈》，（德）衛禮賢著，王宇浩、羅敏、朱晉平譯，國際文化出
　　版公司1998年版。

《中國人德行》，（美）明恩溥著，張夢陽、王麗娟譯，新世界出版社
　　2005年版。

《中國鄉村生活》，（美）明恩溥著，陳午晴、唐軍譯，中華書局2006
　　年版。

《十九世紀西方人眼裏的中國》，（英）羅伯茨著，蔣重躍、劉林海譯，
　　中華書局2006年版。

《變化中的中國人》，（美）羅斯著，公茂虹、張皓譯，中華書局2006
　　年版。

《花甲憶記》，（美）丁韙良著，沈弘、惲文捷、郝田虎譯，廣西師範大學出版社2004年版。

《李提摩太在中國》，（英）蘇慧廉著，關志遠、關志英、何玉譯，廣西師範大學出版社2007年版。

《馬禮遜回憶錄》，（英）馬禮遜夫人編，顧長聲譯，廣西師範大學出版社2008年版。

《美國傳教士與晚清中國現代化》，王立新著，天津人民出版社2008年版。

《基督教教育與中國知識份子》，史靜寰、王立新著，福建教育出版社1998年版。

《李佳白與清末民初的中國社會》，胡素萍著，中山大學出版社2009年版。

《傳教士與西學東漸》，尚智叢著，山西教育出版社2008年版。

《傅蘭雅與近代中國的科學啟蒙》，王揚宗著，科學出版社2000年版。

《晚清報業史》，陳玉申著，山東畫報出版社2003年版。

《自由的歷險》，張育仁著，雲南人民出版社2002年版。

《中國新聞事業通史》（上、下），方漢奇主編，中國人民大學出版社1996年版。

《細節的警示》，吳小龍著，上海三聯書店2004年版。

《中國科學翻譯史》，李亞舒著，湖南教育出版社2000年版。

《翻譯論集》，羅新璋編，商務印書館1984年版。

《近代中國社會的新陳代謝》，陳旭麓著，上海人民出版社1992年版。

《洋人在中國——西方使者》，白雲濤主編，山西人民出版社2005年版。

《影響中國歷史的100個洋人》，蕭黎主編，廣東人民出版社1992年版。

《西學東漸與晚清社會》，熊月之著，上海人民出版社1994年版。

《中華民國外交史》，石源華著，上海人民出版社1994年版。

《袁氏當國》，唐德剛著，廣西師範大學出版社2004年版。

《山東近代災荒史》，王林著，齊魯書社2004年版。

《國運1909——清帝國的改革突圍》，（澳）雪珥著，陝西師範大學出版社2010年版。

史地傳記　PC0142

新銳文創
INDEPEDENT & UNIQUE

那些活躍在近代中國的
西洋傳教士

作　　　者	鄭連根
主　　　編	蔡登山
責任編輯	林千惠
圖文排版	鄭佳雯
封面設計	蕭玉蘋

出版策劃	新銳文創
製作發行	秀威資訊科技股份有限公司
	114 台北市內湖區瑞光路76巷65號1樓
	電話：+886-2-2796-3638　傳真：+886-2-2796-1377
	服務信箱：service@showwe.com.tw
	http://www.showwe.com.tw
郵政劃撥	19563868　戶名：秀威資訊科技股份有限公司
展售門市	國家書店【松江門市】
	104 台北市中山區松江路209號1樓
	電話：+886-2-2518-0207　傳真：+886-2-2518-0778
網路訂購	秀威網路書店：http://www.bodbooks.com.tw
	國家網路書店：http://www.govbooks.com.tw
法律顧問	毛國樑　律師
圖書經銷	貿騰發賣股份有限公司
	235 新北市中和區中正路880號14樓
	電話：+886-2-8227-5988　傳真：+886-2-8227-5989

出版日期	2011年4月　初版
定　　　價	290元

國家圖書館出版品預行編目

那些活躍在近代中國的西洋傳教士 / 鄭連根著.
-- 一版. -- 臺北市：新銳文創, 2011.04
　　面；　公分. --（史地傳記類；PC0142）
ISBN　978-986-86815-8-3（平裝）

1.傳教史　2.基督教傳記　3.中國

248.2　　　　　　　　　　　100002352

讀者回函卡

感謝您購買本書，為提升服務品質，請填妥以下資料，將讀者回函卡直接寄
回或傳真本公司，收到您的寶貴意見後，我們會收藏記錄及檢討，謝謝！
如您需要了解本公司最新出版書目、購書優惠或企劃活動，歡迎您上網查詢
或下載相關資料：http:// www.showwe.com.tw

您購買的書名：＿＿＿＿＿＿＿＿＿＿＿＿＿＿＿＿＿＿＿＿＿＿＿＿

出生日期：＿＿＿＿＿年＿＿＿＿＿月＿＿＿＿＿日

學歷：□高中 (含) 以下　　□大專　　□研究所 (含) 以上

職業：□製造業　□金融業　□資訊業　□軍警　□傳播業　□自由業
　　　□服務業　□公務員　□教職　　□學生　□家管　　□其它＿＿＿＿

購書地點：□網路書店　□實體書店　□書展　□郵購　□贈閱　□其他

您從何得知本書的消息？

　　□網路書店　□實體書店　□網路搜尋　□電子報　□書訊　□雜誌
　　□傳播媒體　□親友推薦　□網站推薦　□部落格　□其他＿＿＿＿＿＿

您對本書的評價：(請填代號　1.非常滿意　2.滿意　3.尚可　4.再改進)

　　封面設計＿＿＿＿　版面編排＿＿＿＿　內容＿＿＿＿　文／譯筆＿＿＿＿　價格＿＿＿＿

讀完書後您覺得：

　　□很有收穫　□有收穫　□收穫不多　□沒收穫

對我們的建議：＿＿＿＿＿＿＿＿＿＿＿＿＿＿＿＿＿＿＿＿＿＿＿＿

＿＿＿＿＿＿＿＿＿＿＿＿＿＿＿＿＿＿＿＿＿＿＿＿＿＿＿＿＿＿＿＿

＿＿＿＿＿＿＿＿＿＿＿＿＿＿＿＿＿＿＿＿＿＿＿＿＿＿＿＿＿＿＿＿

＿＿＿＿＿＿＿＿＿＿＿＿＿＿＿＿＿＿＿＿＿＿＿＿＿＿＿＿＿＿＿＿

11466
台北市內湖區瑞光路 76 巷 65 號 1 樓

秀威資訊科技股份有限公司　　　收

BOD 數位出版事業部

....

（請沿線對折寄回，謝謝！）

姓　　名：＿＿＿＿＿＿＿＿＿　年齡：＿＿＿＿　性別：□女　□男

郵遞區號：□□□□□

地　　址：＿＿＿＿＿＿＿＿＿＿＿＿＿＿＿＿＿＿＿＿＿＿

聯絡電話：(日) ＿＿＿＿＿＿＿＿＿　(夜) ＿＿＿＿＿＿＿＿＿

E-mail：＿＿＿＿＿＿＿＿＿＿＿＿＿＿＿＿＿＿＿＿